기독교문서선교회 (Christian Literature Center: 약칭 CLC)는 1941년 영국 콜체스터에서 켄 아담스에 의해 시작되었으며 국제 본부는 미국 필라델피아에 있습니다.
국제 CLC는 59개 나라에서 180개의 본부를 두고, 약 650여 명의 선교사들이 이동도서차량 40대를 이용하여 문서 보급에 힘쓰고 있으며 이메일 주문을 통해 130여 국으로 책을 공급하고 있습니다. 한국 CLC는 청교도적 복음주의 신학과 신앙서적을 출판하는 문서선교기관으로서, 한 영혼이라도 구원되길 소망하면서 주님이 오시는 그날까지 최선을 다할 것입니다.

• 기본과정 •

주기도문
The Lord's Prayer

The Lord's Prayer
Edited by Paul. S. T. KIM
All rights reserved.
Korean Edition Copyright ⓒ 2025 by Christian Literature Center, Seoul, Korea

주기도문

2025년 6월 30일 초판 발행

지 은 이 | AMRC (김성태)

편　　집 | 다음역(Next Station) 사회적 협동조합
디 자 인 | 파우스튜디오
펴 낸 곳 | (사)기독교문서선교회
등　　록 | 제16-25호(1980. 1. 18.)
주　　소 | 서울특별시 동대문구 천호대로71길 39
전　　화 | 02-586-8761~3(본사) 031-942-8761(영업부)
팩　　스 | 02-523-0131(본사) 031-942-8763(영업부)
이 메 일 | clckor@gmail.com
홈페이지 | www.clcbook.com
송금계좌 | 기업은행 073-000308-04-020 (사)기독교문서선교회
일련번호 | 2025-53

ISBN 978-89-341-2829-5(04230)
ISBN 978-89-341-2792-5(세트)

이 책의 출판권은 (사)기독교문서선교회가 소유합니다.
신저작권법에 의하여 한국 내에서 보호받는 저작물이므로 무단 전재와 무단 복제를 금합니다.

기본과정

The Lord's Prayer

주기도문

김성태 편저

CLC

CONTENTS

들어가는 말 '담대한 첫 걸음' — 6p

1과 — 8p
기도란 무엇인가

2과 — 19p
주기도문의
배경과 구조

3과 — 33p
하늘에 계신
우리 아버지여

4과 — 45p
첫 번째 간구
이름이 거룩히
여김을 받으시오며

5과 — 59p
두 번째 간구
나라가 임하옵시며

6과 — 71p
세 번째 간구
뜻이 하늘에서 이루어진 것
같이 땅에서도 이루어지이다

7과 — 83p
네 번째 간구
오늘 우리에게 일용할
양식을 주옵시고

8과 — 98p
다섯 번째 간구
우리의 죄를
사하여 주옵시고

9과 — 111p
여섯 번째 간구
시험에 들게 하지 마옵시고
다만 악에서 구하옵소서

10과 — 124p
송영 – 나라와 권세와
영광이 아버지께
영원히 있사옵나이다

11과 — 137p
기도에 관한
예수님의 가르침 (1)

12과 — 148p
기도에 관한
예수님의 가르침 (2)

13과 — 162p
다윗의
회개하는 기도

14과 — 176p
빌립보 교회와
바울과 실라의
기도

15과 — 190p
기도에 관한
바울의 가르침

담대한 첫 걸음

김 성 태 교수
총신대학교 명예교수
아시아선교연구소장

한반도가 위치한 동아시아 지역은 세계의 다른 지역과 비교할 때 기독교에 적대적인 특정한 이데올로기와 세속주의 그리고 전통적 민족주의와 결합된 종교적 세계관 등으로 인해 교회의 활동이 상당히 위축되고, 또한 신학적 혼란이 있는 지역입니다. 동아시아와 근접한 중앙아시아 지역은 이슬람 지역이며 여전히 교회를 핍박하고 있는 지역입니다. 한반도의 북쪽 지역인 북한은 기독교말살정책이 70년 이상 계속되고 있는 지역이며 그런 곳에 지하에서나마 하나님의 교회가 존재하고 있는 것은 기적이요, 하나님의 특별하신 은혜입니다.

저희는 동아시아의 복음화와 연약한 지체로서 사방의 적대적 세력에 둘러싸여 있는 동아시아 교회와 교인들을 돕고 그들의 신학적 혼란을 극복하기 위하여 건강하고 성경적이며 복음주의 입장에 굳게 서 있는 기본적인 성경대학 수준의 교과과정 40과목을 개발하였습니다. 따라서 저희는 이것을 순차적으로 출판하여 동아시아와 중앙아시아 더 나아가서 모든 열악한 선교환경 가운데 있는 교회와 교인들을 돕기를 원합니다. 또한 동아시아의 교회가 서로 연합하고 협력하여 동아시아의 복음화와 세계복음화를 위해서 함께 사역할 것을 염두에 둔 타문화권 선교 사역에 필수적인 교과과정 10여 권을 개발할 것입니다. 성경대학 교과목과 타문화권 선교연구 및 훈련을 위한 교과과정을 개발하는 필진은 동아시아에서 최소한 7년 이상의 현장 선교경험을 가지고, 특정 신학분야와 지역 연구에 석, 박사 학위를 가진 분들입니다. 저희가 누리는 하나님의 은혜는 자유로운 환경 가운데서 각 교과목을 개발하는데 필요로 한 많은 참고자료들을 어려움 없이 확보하고, 수시로 현장에서 검증하며 자료들을 개발할 수 있었다는 것입니다. 저희는 복음에 빚진 자들이고, 하나님의 사랑에 빚진 자들입니다. 무엇보다 한반도의 북쪽 지역에 있는 교회와 교인들을 그리스도의 몸 된 지체로서 돌보아야 할 엄중한 언약적 책임이 있습니다.

저희는 거룩한 사명의식을 가지고, 출판 작업에 참여합니다. 이런 작업은 출판을 통한 영리목적이 아니라 복음의 빚진 자로서 하나님의 교회와 교인들에게 이 빚을 갚기 위한 조그마한 시도입니다. 교과목 과정을 개발하고, 책을 출판하는 일은 전 세계의 모든 후원 교인들을 통해 가능하였습니다. 저는 제가 창립한 아시아선교연구소 소장으로서 선교적 성경대학과 타문화권 선교훈련소의 교과과정을 개발하는 일에 참여합니다. 필진은 수시로 적대적 선교환경 지역을 왕래해야 하기에 필명으로 자신을 표기합니다. 여호수아 리, 바울 박, 요한 김, 데이비드 임, 에스더 진 등 모두 다섯 선교사들이 참여하였습니다. 이분 중에 한 분은 예루살렘에서 성경 히브리어를 수 년 동안 공부하기도 하였습니다. 성경대학은 기초과정으로서 복음, 주기도문, 사도신경, 십계명, 그리스도인의 삶 등이 각기 단행본으로 출판이 되고, 성경신학으로 구속사, 언약신학, 하나님 나라, 박해신학(1, 2권) 등이 출판이 될 것입니다. 성경 각권이 전통적인 성경신학적 구분에 의해서 분류되고, 모아져서 성경 각 권 전체를 다루되 전부 17권으로 개발되어 출판이 됩니다. 역사신학에는 세계교회사 뿐 아니라 한국교회사도 포함하여 전부 3권의 교과목이 개발이 되고, 교의신학 과목이 전부 2권으로 개발이 됩니다. 교회의 실천과목으로 교인의 윤리적 삶, 가정생활, 자녀교육이 포함된 성경적 가정, 성경적 상담, 기독교교육 등이 개발되고, 전도와 선교, 지도력 개발, 목회학 등의 교과과정이 개발이 됩니다. 이번에 첫 출판으로서 사도신경이 소개됩니다. 내년까지 순차적으로 10여 권의 책이 출판될 것입니다. 여러분들의 기도와 헌금으로 모든 것이 진행될 것입니다. 저희는 이 모든 교과목을 영어, 중국어, 러시아어로 번역하여 해당 지역의 교회지도자와 교인들이 사용할 수 있도록 할 것입니다. 타문화권 선교훈련 교과목도 마찬가지입니다. 바벨론의 교회가 소아시아 내륙의 고난 받는 교회를 돌보고, 하나님의 말씀으로 권면하고, 위로한 것처럼(벧전 5장 13절) 고난 받는 교회가 다른 연약한 지체인 고난 받는 교회를 돌보는 일은 저희가 종종 선교현장에서 수행하는 일입니다. 이런 점에서 저희들이 개발한 교과과정을 가르치고, 배우고 싶은 분들은 저희에게 자유롭게 연락주시기를 바랍니다. 그리스도의 몸의 공동체는 다른 지체 공동체에게 열려 있습니다.

성경대학과 타문화권 선교훈련 교과과정의 특징을 요약하면 다음과 같습니다.

1. 타문화권 특히 동아시아 지역 선교현장에서 최소한 7년 이상의 선교경험을 가진 선교사들이 참여하였습니다.
2. 동아시아 지역 교회와 교인들의 눈높이에 맞추어서 이분들을 실질적으로 돕기 위한 목적으로 모든 교과과정이 개발이 되었습니다.
3. 전 세계의 복음주의 교회에서 광범위하게 통용되는 검증된 성경연구, 특정 신학주제와 균형 있는 성경적 신학적 내용들을 심층 깊게 참고하였습니다.
4. 모든 교과과정의 내용들은 동아시아와 더 나아가서 아시아의 교회지도자와 교인들이 부담 없이 사용할 수 있도록 가장 기본적인 내용들을 다루고 있으며 이분들에 의해서 얼마든지 긱자의 상황에서 칭의적으로 사용할 수 있도록 하였습니다.
5. 저희들이 성경대학과 타문화권 선교훈련 교과과정을 개발한 것은 자민족을 복음화 할 뿐 아니라 타민족을 복음화하는 일에 참여하도록 촉진제의 역할을 하는 것입니다.

soli Deo honor et gloria !

1과

기도란 무엇인가?

모든 성도에게 기도는 중요합니다. 기도는 은혜의 수단이기 때문입니다. 우리는 바른 방향성을 토대로 하나님이 원하시는 기도를 드려야 합니다. 그러나 한국 교회는 기도 행위 자체를 의롭게 여기는 경향이 있습니다. 따라서 우리는 기도의 모범인 주기도문을 배우기 앞서 기도가 무엇인지 고찰해봐야 합니다. 여러분이 생각하는 기도는 무엇입니까?

1. 기도를 해야 하는 이유

서로 사랑하는 두 사람이 갖는 가장 즐겁고 유익한 특권은 사랑하는 마음을 서로 나누며 필요를 채워가는 것입니다. 이로 인해 두 사람은 서로를 더욱 사랑하고 알아가게 됩니다. 기도란 하나님과 사랑의 교제를 하며 대화하는 것입니다. 그러므로 기도는 일방적으로 상대방에게 자기 말만 하는 독백이 아니며 아무 의미 없이 반복하는 주문도 아닙니다. 기도를 통해 우리는 하나님과 진실하게 대화하고 하나님의 마음을 깨달아 순종하게 되는 한편, 하나님은 우리의 필요를 채워주시며 아버지 되심을 증거하십니다.

> (요한복음 14:13-14) [13] 너희가 내 이름으로 무엇을 구하든지 내가 행하리니 이는 아버지로 하여금 아들로 말미암아 영광을 받으시게 하려 함이라 [14] 내 이름으로 무엇이든지 내게 구하면 내가 행하리라.

> (요한복음 15:7) 너희가 내 안에 거하고 내 말이 너희 안에 거하면 무엇이든지 원하는 대로 구하라 그리하면 이루리라.

> (요한복음 16:23-24) [23] 내가 진실로 진실로 너희에게 이르노니 너희가 무엇이든지 아버지께 구하는 것을 내 이름으로 주시리라 [24] 지금까지는 너희가 내 이름으로 아무 것도 구하지 아니하였으나 구하라 그리하면 받으리니 너희 기쁨이 충만하리라.

1 예수님은 제자들에게 무엇을 하라고 말씀하셨나요? 우리가 기도하면 하나님은 어떻게 하시나요? 우리는 주님이 말씀하시는 대로 바른 의식과 자세를 갖고 기도하고 있나요?

2 주님은 기도 응답의 조건이 무엇이라고 말씀하셨나요? 그러한 조건이 왜 중요할까요?

3 우리의 기쁨이 충만하게 되는 때는 언제인가요? 기도 응답으로 이런 기쁨을 누린 적이 있을 것입니다. 예를 한 가지 적어 보세요.

주님은 그분의 이름으로 무엇이든지 구하라고 말씀하십니다. 주님이 하나님과 맺은 연합은 기도를 통해 주님이 제자들과 맺은 연합으로 확장됩니다. 주님은 제자들에게 예수님의 이름으로 기도하면 주님이 행하실 것이라고 약속하십니다. 우리는 주님의 대행자가 되어 그분의 일을 하게 됩니다. 그러므로 기도는 주님과 교통하며 주님을 대신해 사역하는 통로입니다. 우리가 주님의 이름으로 기도할 때 하나님 아버지는 영광받으십니다. 하나님의 영광을 위한 기도, 그것이 우리가 명심해야 할 사항입니다.

그러나 주님의 이름으로 기도한다고 해서 모든 기도가 응답받는 것은 아닙니다. 주님은 너희가 내 안에 거하고 내 말이 너희 안에 거할 때 기도가 이루어진다고 말씀하십니다. 이 말씀은 우리가 주님과 하나되어 간구할 때 기도가 응답된다는 뜻입니다. 주님의 말씀이 우리 안에 거하여 우리가 말씀의 인도를 받는 순종의 사람이 될 때 기도는 응답됩니다.

예수님은 이제부터는 주님의 이름으로 구하라고 하십니다. 구하면 받을 것이고 우리의 기쁨이 충만하게 될 것이라고 말씀하십니다. 이 약속의 말씀보다 더 놀라운 일이 있을까요? 주님과 연합한 자, 주의 사랑과 말씀 안에 거하는 자는 무엇이든지 구하는 대로 다 응답받을 것입니다. '내가 기도했더니 주님이 주셨다'라는 사실은 기도하는 자에게 얼마나 큰 위로와 기쁨이 되는지 모릅니다.

2. 올바른 기도

우리의 기도는 늘 자기중심적이기 쉽습니다. 기도는 하나님 아버지와 친밀한 관계를 맺고 나누는 대화인데 예의 없이 일방적으로 내 이야기만 하는 경우가 있습니다. 하나님의 뜻이 무엇인지 조심스럽게 살피며 기도하기보다 자신의 필요에 지나친 관심을 갖고 거의 독백 수준으로 기도하는 경우가 많습니다. 그러므로 우리는 올바른 기도가 무엇인지 알아야 합니다.

1) _____으로 기도해야 합니다.

(마가복음 11:24) 그런즉 내가 너희에게 말하노니 무엇이든지 기도하고 구하는 것을 받은 줄로 믿으라 그리하면 너희에게 그대로 되리라.

(야고보서 1:6-8) 오직 믿음으로 구하고 조금도 의심하지 말라 의심하는 자는 마치 바람에 밀려 요동하는 바다 물결 같으니 이런 사람은 무엇이든지 주께 얻기를 생각하지 말라 두 마음을 품어 모든 일에 정함이 없는 자로라.

우리 마음의 기본 바탕에는 기도하면 하나님께서 들으신다는 믿음이 있어야 합니다. 그러므로 굳은 믿음으로 기도해야 합니다.

2) _____을 따르는 기도라야 합니다.

(야고보서 4:3) 구하여도 얻지 못함은 정욕으로 쓰려고 잘못 구함이니라.

아무리 굳은 믿음을 가지고 기도한다고 해도, 하나님의 뜻을 무시하고 자신의 정욕이나 유익만을 위해 기도한다면 그것은 참된 기도가 될 수 없습니다. 믿음의 성도는 하나님의 뜻에 어긋나는 기도를 잘 분별해야 합니다.

3) _____하면서 기도해야 합니다.

(야고보서 5:16) 이러므로 죄를 서로 고하며 병 낫기를 위하여 기도하라 의인의 간구는 역사하는 힘이 많으니라.

(시편 66:18) 내가 내 마음에 죄악을 품으면 주께서 듣지 아니하시리라.

하나님은 마음속에 죄악을 품고 기도하는 자를 기뻐하지 않으십니다. 죄가 있어도 하나님께 죄를 고백하는 기도를 드릴 때 다른 기도도 들어주십니다.

4) 하나님께 _____하는
_____으로 기도해야 합니다.

(데살로니가전서 5:17) 범사에 감사하라.

(로마서 8:28) 우리가 알거니와 하나님을 사랑하는 자 곧 그 뜻대로 부르심을 입은 자들에게는 모든 것이 합력하여 선을 이루느니라.

하나님이 베풀어주신 돌보심과 사랑에 감사하는 마음으로 기도할 때 하나님은 모든 기도를 들어주십니다. 또한 언제나 겸손한 마음으로 지극히 낮아져서 기도드릴 때 하나님은 참으로 기뻐하십니다.

5) _____기도하되 _____ 기도해야 합니다.

(데살로니가전서 5:17) 항상 기뻐하라 쉬지 말고 기도하라 범사에 감사하라 이는 그리스도 예수 안에서 너희를 향하신 하나님의 뜻임이라.

우리의 필요를 매일 대화하듯이 소리내어 기도하기를 권합니다. 그럴 때 나도 모르는 사이에 놀라운 일들이 일어나고 있음을 알게 될 것입니다. 우리는 쉬지 말고 기도해야 합니다.

6) 아버지 하나님께 구하되 _____으로 기도해야 합니다.

(요한복음 14:13-14) 너희가 내 이름으로 무엇을 구하든지 내가 시행하리니 이는 아버지로 하여금 아들을 인하여 영광을 얻으시게 하려 함이라. 내 이름으로 무엇을 구하든지 내게 구하면 내가 시행하리라.

우리는 예수 그리스도를 통해서만 하나님과 만날 수 있습니다. 그 이유는 예수님은 하나님과 사람 사이를 잇는 중보자가 되시기 위해 십자가에서 우리의 모든 죄악을 담당하시고 돌아가셨기 때문입니다. 그러므로 반드시 예수님의 이름으로 기도하는 것입니다.

3. 기도의 순서

사람 사이의 대화에도 나름대로 순서가 있듯이 하나님께 드리는 기도에도 순서가 있습니다.

1) 먼저 하나님께 영광을 돌립니다.

하나님이 어떤 분인지 우리의 믿음을 고백하고, 하나님이 베풀어주신 구원의 은총을 기억하고, 하나님을 찬양하는 기도를 먼저 올려야 합니다. 성경에 나타난 하나님의 백성들은 우리가 기도하듯 하나님의 이름을 가볍게 취급하지 않았습니다. 언제나 하나님의 이름을 먼저 송축했습니다. 우리는 기도할 때 하나님의 이름에 합당한 영광을 먼저 돌려야 합니다.

2) 하나님의 은혜에 대하여 감사를 표현합니다.

하나님이 베풀어주신 은혜를 생각하며 마음을 다해 감사해야 합니다. 보호해 주시고 인도해 주신 은혜를 기억하며 감사한다는 것은 자녀가 아버지와 사랑의 관계를 증진하는 아주 중요한 방법입니다.

3) 죄를 고백하고 회개하는 기도를 합니다.

우리는 예수 그리스도로 말미암아 의롭다함을 입고 하나님의 자녀가 되었지만 여전히 죄를 짓는 죄인입니다. 그러므로 거룩하신 하나님 앞에 나아갈 때 죄를 회개하고 주님의 보혈로 정결케 되는 은혜가 필요합니다. 죄를 고백한다는 것은 내가 누구인지 알고 오직 하나님의 인도와 보호 속에서만 내가 살 수 있다는 신앙을 고백하는 것입니다.

4) 바라고 원하는 것을 믿음으로 한 가지씩 구체적으로 말씀 드립니다.

이것은 우리가 가장 먼저 하기 쉬운 기도입니다. 우리는 아버지의 눈치를 보지 않는 어린아이처럼 원하는 대로 구할 수 있지만, 올바른 기도는 위의 모든 기도를 다 한 후에 차분하게 나의 필요를 아뢰는 것입니다. 이때도 무조건적으로 기도하는 것이 아니라 하나님과 대화하듯 기도하는 것이 좋습니다.

5) 구하는 모든 것이 주님의 뜻 안에서 이루어지기를 기도합니다.

주님이 먼저 모범을 보이신 것처럼, 우리는 내 원대로 마시고 아버지의 원대로 이루어 달라고 기도해야 합니다. 세상의 모든 일은 하나님 아버지의 거룩하신 뜻을 따라 이루어지기 때문입니다. 종종 내 뜻을 앞세워 자신이 원하는 대로 이루어달라고 어린아이가 생떼 쓰듯 기도하는 경우가 있습니다. 금식기도도 그런 방식으로 합니다. 절대 조심해야 할 기도의 자세입니다.

6) 반드시 예수 그리스도의 이름으로 기도 드립니다.

주님은 예수님의 이름으로 기도하라고 명령하셨습니다. 하나님 아버지께 나아가는 길은 오직 대제사장이신 예수님을 통해서만 가능합니다. 그러므로 우리는 예수님의 이름으로 기도해야 합니다. 이것은 하나님을 영화롭게 할뿐 아니라 예수 그리스도를 통해서 응답을 기대할 수 있기 때문입니다.

7) '아멘'으로 마무리 짓습니다.

우리가 드리는 기도는 모두 믿음으로 하는 기도입니다. 그러므로 '그렇게 될 줄 믿습니다'라는 뜻의 '아멘'으로 기도를 마칩니다.

이처럼 기도는 아버지와 아들이 나누는 친밀한 대화입니다. 자녀는 아버지에게 아주 당연하게, 또한 아무 의심없이 이야기 합니다. 아버지는 아이의 이야기를 이해합니다. 그래서 때로는 칭찬하거나 훈계하기도 하고, 때로는 야단을 치기도 하면서 양육합니다. 이때 아버지는 어린아이가 바라는 대로 일일이 응해주지 않습니다. 무조건적인 사랑으로 아이와 대화에 응해주는 것입니다. 하나님과 성도 사이가 이와 같습니다. 그러므로 기도할 때는 아들이 아버지께 구하는 것과 같은 겸손한 자세로 구하면 하나님께서 기뻐할 것입니다.

묵상과 질문

1. 자신이 드리는 기도가 하나님과 진정한 대화를 하는 올바른 기도라고 말할 수 있나요?

2. 당신은 예수님의 이름의 권세를 알고 기도합니까? 왜 예수님의 이름으로 기도해야 하는지 나누어 보세요. 그 이름을 힘 입어 영적 전쟁에서 승리하며 기도하고 있나요?

3. 최근에 응답받지 못한 기도 제목이 있을 수 있습니다. 그 기도는 왜 응답을 못 받았다고 생각하나요? 여러 경우가 있을 수 있습니다. 혹시 응답받지 못한 기도 때문에 믿음이 약해졌던 경험이 있었다면 나누어봅시다.

2과

주기도문의 배경과 구조

사람들은 자신이 바라는 대로 살아가고 바라는 것을 '기도'로 말합니다. 그래서 기도는 그 사람의 마음과 삶을 알려줍니다. 어떻게 기도하는지를 보면 어떻게 믿고 있는지 알 수 있습니다. 주님이 가르쳐주신 기도는 우리가 어떻게 믿어야 하고 어떻게 살아야 하는지 알려주는 기준이 됩니다. 주기도문은 주님께서 우리에게 가장 중요한 삶의 우선순위와 갖추어야 할 믿음의 내용을 알려주시는 것이므로 가장 중요한 기도입니다.

주기도문은 성경 전체에서 가장 탁월하고 모범이 되는 기도 지침서입니다. 그것은 그리스도인의 예배와 기도에서 핵심적인 위치를 차지합니다. 주기도문은 주 예수 그리스도의 하나님 나라 복음과 주님이 의도하신 하나님과 우리의 관계를 압축하여 표현하고 있습니다.

주기도문을 바르게 이해하려면 당시의 유대 기도문과 유대인들의 기도 습관을 알아야 합니다. 뿐만 아니라 성경 본문에 기록된 주기도문의 배경과 구조를 이해해야 합니다.

1. 유대인의 기도와 예수님의 말씀

예수님은 유대인의 기도에서 두 가지를 집중적으로 비판하셨습니다. 첫째는 외식하는 기도였고 둘째는 이방인처럼 중언부언하는 기도였습니다. 이 두 가지는 유대인 대부분이 습관처럼 하는 방식이었습니다. 오늘날 교회 예배에서 하는 대표기도에서도 이런 모습이 관찰되곤 합니다. 우리는 은연 중에 내가 기도하고 있다는 사실을 주위에 알리고 싶어 외식하기도 합니다. 또한 기도를 많이 오래 해야 하나님이 들어주신다는 강박적 자세도 있습니다.

> (마태복음 6:5-8) [5] 또 너희는 기도할 때에 외식하는 자와 같이 하지 말라 그들은 사람에게 보이려고 회당과 큰 거리 어귀에 서서 기도하기를 좋아하느니라 내가 진실로 너희에게 이르노니 그들은 자기 상을 이미 받았느니라 [6] 너는 기도할 때에 네 골방에 들어가 문을 닫고 은밀한 중에 계신 네 아버지께 기도하라 은밀한 중에 보시는 네 아버지께서 갚으시리라 [7] 또 기도할 때에 이방인과 같이 중언부언하지 말라 그들은 말을 많이 하여야 들으실 줄 생각하느니라 [8] 그러므로 그들을 본받지 말라 구하기 전에 너희에게 있어야 할 것을 하나님 너희 아버지께서 아시느니라.

1 주님은 기도할 때 외식하는 자의 기도를 비판하십니다. 그들은 어떻게 기도했나요? 그들은 왜 그렇게 기도했을까요?

2 주님은 기도할 때 이방인들처럼 중언부언 기도하지 말라고 하셨습니다. 그들의 태도와 중심에는 무엇이 있었나요?

3 주님은 외식하는 기도와 중언부언 기도를 피하고 바르게 기도하는 법이 무엇이라고 가르치나요?

외식은 가면을 쓰고 행하는 것입니다. 문제는 이런 행위가 자신을 속이는 행위라는 것입니다. 외식하는 사람은 자신이 진지하게 기도하고 있다고 착각하면서 남을 속인다고 생각하지 않습니다. 하나님을 속이면서 기도하는 척한다고 생각하지도 않습니다. 그는 단지 다른 사람에게 좋은 인상을 주는 데 관심이 있어서, 사람들이 자신의 행동을 칭찬하고 인정해주기를 바랍니다.

회당과 큰 거리 어귀는 종교 지도자들이 경건을 과시하기 좋은 장소였습니다. 그러나 사람이 많이 모이는 장소든 골방이든, 예수님은 장소보다 기도하는 사람의 마음 자세를 문제 삼으셨습니다. 사람들에게 자신을 과시하려는 목적으로 하는 기도는 결정적인 문제가 있습니다. 사람에게서 영광을 받으려는 것이기에 주님은 자기 상을 이미 받았다고 하십니다. 그들은 하나님께 기도한 것이 아니라 사람에게 어떤 평가를 받을지 기대했으니 자기 상을 이미 받았다는 것입니다.

주님은 골방에 들어가 문을 닫고 은밀한 중에 계신 네 아버지께 기도하라고 가르치십니다. 골방은 집안 가장 안쪽에 있는 방입니다. 군중과 분리되고 가족과도 분리된 공간입니다. 기도 시간은 하나님과 사적인 친밀감을 나누는 시간입니다. 골방에서 기도하라는 말씀은 사람에게 보이려는 모든 요소를 차단하고 오직 하나님을 향해서만 기도하라는 의미입니다.

중언부언은 생각 없이 횡설수설하는 말, 의미 없이 반복하는 말, 장황한 말을 뜻합니다. 중언부언하는 기도는 기도의 질이 아니라 양에 집착합니다. 장황하게 반복해서 말하며 길게 늘어놓는 기도 행위에서 만족감을 얻고 누군가에게 인정받으려는 것입니다. 유대인들은 이교도를 업신여기고 멸시하면서도 가나안 땅에 사는 동안 차츰 이방인의 기도 습관에 영향을 받아 그들의 행위를 따라 했던 것입니다.

예수님은 이와 같은 기도 습관을 고치는 방법으로, '구하기 전에 너희에게 있어야 할 것을 하나님 아버지가 아신다'는 사실을 상기시키십니다. 우리는 하나님이 우리에게 필요한 것을 먼저 아신다는 사실에서 기도의 동기를 찾아야 합니다. 하나님은 누구에게나 동일하게 응답하십니다. 그의 백성이 기도하면 하나님은 누구의 기도든 들으십니다. 그래서 기도하는 사람은 인종이나 종교심의 차별 없이 누구나 주께 나아가 기도할 수 있습니다. 하나님께서 기도를 들으신다는 확신이 있는 사람은 열심이라는 명목으로 끈질기게 조르며 기도하지 않습니다. 그는 기도한 것을 하나님이 응답해주실 때까지 평온한 마음으로 조용히 기다릴 수 있습니다.

2. 유대인들의 기도문

경건하다고 생각한 유대인들의 잘못된 기도를 알아야 합니다. 유대인들은 해뜰 무렵과 해질 무렵, 아침과 저녁에 두 번 쉐마를 이용해 기도했습니다. 아침과 정오와 저녁에 세 번 기도하는 경우도 있었습니다. 기도는 기본적으로 성전에서 했으며 성전에서 멀리 떨어진 사람들은 성전을 향해 기도했습니다. 대표적인 기도문은 카디쉬 기도문과 쉐모네 에쉬레로 불리었던 18개의 기도문입니다. 카디쉬 기도문은 유대 회당 설교 끝에 함께 낭송한 짤막한 기도였습니다. 반면에 쉐모네 에쉬레는 유대인들이 하루 세 번, 아침과 오후가 시작되는 시간, 그리고 저녁이 되는 시간에 반드시 드리는 기도였다고 합니다. 18개의 기도문으로 구성되었기 때문에 '18축복기도문'으로 불립니다.

> **카디쉬 기도 3번**
> 당신은 거룩하시며 당신의 이름은 놀라우십니다. 당신 이외에는 어떤 신도 없습니다. 거룩하신 하나님, 축복을 받으소서.

카디쉬 기도 4번

우리의 아버지, 당신이 이해하는 대로 우리를 불쌍히 여기사 당신의 토라(율법)에서 나온 이해력과 통찰력을 주시옵소서. 은혜로운 미쉬나(율법 해석)의 공급자이신 주님, 축복을 받으소서.

카디쉬 기도 6번

우리를 용서하옵소서. 우리의 아버지, 우리가 당신께 범죄하였나이다. 당신 앞에서 지은 모든 잘못들을 깨끗하게 하옵소서. 당신은 사랑이 많으신 분이시나이다. 언제나 용서해 주시는 주님, 축복을 받으소서.

카디쉬 기도 9번

우리의 주 하나님, 우리를 위해 이 한 해를 축복해 주소서. 풍족한 열매를 허락해 주시고 우리를 구원하실 그 때가 어서 속히 오게 하소서. 이 땅에 이슬과 단비를 내리시고 당신의 세계를 선한 창고로 축복하소서. 우리의 날들을 축복하시는 주님, 축복을 받으소서.

카디쉬 기도 16번

우리의 주 하나님, 시온에 사는 것이 당신의 뜻입니다. 당신의 종들이 예루살렘에서 당신에게 예배하게 하소서. 우리가 당신께 신실함으로 예배하오니 주님, 축복을 받으소서.

18 축복기도문

그분의 이름이 높여지고 거룩히 여겨지게 하소서.
그분의 뜻에 따라 지으신 세상 안에서,
그분이 그의 나라를 다스리소서.
너희들의 생애에, 그리고 너희들의 날들에,
그리고 이스라엘 집안 전체의 생애에, 신속히 그리고 조만간
그분의 위대한 이름이 영원에서 영원까지 찬양되소서.
이에 대해 말하라. 아멘.

1 두 기도문의 예를 보면서 유대인들의 기도 내용이 어떠하다고 생각하나요?

2 예수님은 유대인들의 기도문을 비판한 것이 아니라 그들의 기도 자세와 마음의 태도를 비판하셨습니다. 나의 기도는 어떠한가요?

3 마태복음에 등장하는 유대인들의 기도는 어떤 자세와 형태를 지녔나요? 오늘날의 기도와 비교해 보세요.

카디쉬 기도문과 18축복기도문은 주기도문과 흡사합니다. 특히 카디쉬 기도문은 주기도문에서 하나님의 이름을 거룩하게 하고 하나님의 나라가 임하기를 구하는 것과 비슷한 내용으로 기도합니다.

아마도 주기도문은 처음에는 18축복기도문과 함께 드려진 것으로 보입니다. 그러다 점차 주께서 가르쳐 주신 기도가 18축복기도문을 대신했고, 마침내 교회의 유일한 공통 기도로 자리잡게 되었습니다. 이방인이 교회의 다수가 되고, 유대교에서 교회가 분리되는 상황에서 유대교의 대표기도인 18축복기도문은 사라졌습니다. 그 대신 주기도문이 교회 공동체의 기본적인 공중 기도로 자리잡게 되었습니다.

유대인들의 기도를 보면 예수님이 기도를 잘못한다고 지적한 이유가 기도 내용보다는 기도하는 의도와 방식에 있음을 알 수 있습니다. 만일 그들이 성전에서 기도하는 것이 성경에 근거해 있고, 또 사람들이 모인 곳에서 서서 기도하는 것이 요구되었다면, '외적인 행위' 자체는 문제되지 않습니다. 그렇다면 그들의 문제는 어디에 있었을까요? 가장 결정적인 문제는 사람에게 '보이려고 기도하는 것', 기도를 과시하는데 있었다는 것입니다. 하나님을 향해 기도하는 것이 아니라 사람에게 보이려고 기도하는데 문제가 있었습니다.

3. 주기도문의 문학적 구조와 의미

신약성경에서 주기도문이 두 군데 나오는데, 하나는 마태복음 6장 5~13절, 다른 하나는 누가복음 11장 1~4절입니다. 누가복음의 주기도문은 기도를 다룬 본문 맨 앞에 등장합니다. 반면 마태복음의 주기도문은 예수님의 산상설교 중간 부분에 당시의 종교 지도자들의 경건 행위를 지적하고 주의를 주시는 상황에서 잘못된 기도의 대안으로 제시됩니다. 이 두 본문을 보아도 주기도문은 기도를 가르치기 위한 모범으로 택한 것임을 알게 됩니다.

(누가복음 11:1-4) [1] 예수께서 한 곳에서 기도하시고 마치시매 제자 중 하나가 여짜오되 주여 요한이 자기 제자들에게 기도를 가르친 것과 같이 우리에게도 가르쳐 주옵소서 [2] 예수께서 이르시되 너희는 기도할 때에 이렇게 하라 아버지여 이름이 거룩히 여김을 받으시오며 나라가 임하시오며 [3] 우리에게 날마다 일용할 양식을 주시옵고 [4] 우리가 우리에게 죄 지은 모든 사람을 용서하오니 우리 죄도 사하여 주시옵고 우리를 시험에 들게 하지 마시옵소서 하라.

(마태복음 6:5-15) [5] 또 너희는 기도할 때에 외식하는 자와 같이 하지 말라 그들은 사람에게 보이려고 회당과 큰 거리 어귀에 서서 기도하기를 좋아하느니라 내가 진실로 너희에게 이르노니 그들은 자기 상을 이미 받았느니라 [6] 너는 기도할 때에 네 골방에 들어가 문을 닫고 은밀한 중에 계신 네 아버지께 기도하라 은밀한 중에 보시는 네 아버지께서 갚으시리라 [7] 또 기도할 때에 이방인과 같이 중언부언하지 말라 그들은 말을 많이 하여야 들으실 줄 생각하느니라 [8] 그러므로 그들을 본받지 말라 구하기 전에 너희에게 있어야 할 것을 하나

님 너희 아버지께서 아시느니라 [9] 그러므로 너희는 이렇게 기도하라 하늘에 계신 우리 아버지여 이름이 거룩히 여김을 받으시오며 [10] 나라가 임하시오며 뜻이 하늘에서 이루어진 것 같이 땅에서도 이루어지이다 [11] 오늘 우리에게 일용할 양식을 주시옵고 [12] 우리가 우리에게 죄 지은 자를 사하여 준 것 같이 우리 죄를 사하여 주시옵고 [13] 우리를 시험에 들게 하지 마시옵고 다만 악에서 구하시옵소서 (나라와 권세와 영광이 아버지께 영원히 있사옵나이다 아멘) [14] 너희가 사람의 잘못을 용서하면 너희 하늘 아버지께서도 너희 잘못을 용서하시려니와 [15] 너희가 사람의 잘못을 용서하지 아니하면 너희 아버지께서도 너희 잘못을 용서하지 아니하시리라.

1 누가복음과 마태복음의 주기도문 문맥은 약간의 차이가 있습니다. 공통점은 무엇이며 차이점은 무엇인가요?

2 마태복음에 나오는 주기도문 본문의 전체 맥락을 분석해 보세요. 마태는 의도적으로 교회의 가르침을 위해 그렇게 배치했습니다. 어떤 의도가 있을까요?

> **3** 주기도문에서 주님이 가르쳐주신 기도와 내가 하는 기도의 차이점은 무엇인가요? 왜 우리는 주님의 기도와 다른 기도를 자주 드리게 될까요?

누가복음과 마태복음의 주기도문은 청원에서 약간의 차이가 있습니다. '뜻이 하늘에서 이루어진 것 같이 땅에서도 이루어지이다'는 누가복음에는 없는 반면 마태복음에는 있습니다. 마태복음에만 첨가된 부분으로 이해됩니다. 하나님의 청원(3개)과 우리들의 청원(3개)의 짝을 맞추려는 의도로 보입니다. 하나님 나라가 임하는 것을 구체적으로 부연하는 기도이기도 합니다.

마태복음에 등장하는 주기도문은 당시의 종교 행위에 대한 예수님의 비판과 가르침의 맥락에서 시작됩니다. 마태복음 6장은 '사람에게 보이려고 의를 행하지 않도록 주의하라'고 말하면서 시작합니다. 예수님은 그 이유에 대해 하늘에 계신 너희 아버지께 상을 받지 못하기 때문이라고 가르치셨습니다. 이어 구제(6:2-4), 기도(6:5-8), 금식(6:16-18) 등 구체적인 종교적 경건 행위를 소개합니다. 기도 문제는 구제와 금식을 다룬 본문 사이에 배치되었습니다. 예수님은 이미 5장 20절에서 제자들에게 '너희 의가 서기관과 바리새인보다 더 낫지 못하면 결코 천국에 들어가지 못하리라'고 경고하셨습니다. 그러므로 주기도문은 의와 관련되어 있습니다.

A. 8복 (5:3-16)

　　B. 반어적인 가르침 (5:17-48)

　　　　C. 종교 행위에 대한 가르침 (6:1-18)

> 마 6:1 전체 주제
> 1. 마 6:2-4 구제
> 2. 마 6:5-15 기도
>
> 　　a. 5-8 잘못된 기도와 가르침
> 　　b. 9-13 주기도문
> 　　c. 14-15 용서
>
> 3. 마 6:18 금식

　　B'. 제1계명에 대한 설교 (6:19-7:11)
　　　우상 – 맘몬, 사랑의 이중계명에 대한 예수님의 설교

A'. 결론적 권면 (7:12-27)

마태복음에서 '의'(義)는 하나님과의 언약 개념으로써 하나님의 은혜에 근거하여 '하나님의 뜻에 따라 사는 삶과 행위'를 가리킵니다. 하나님의 은혜를 받은 사람은 그리스도를 통해 하나님과 새로운 관계에 들어가 하나님과 친밀한 삶을 삽니다. 그러나 하나님의 뜻을 이루려면 그의 삶이 하나님의 주권 아래 있고 하나님의 통치를 받는다는 것이 분명하게 드러나야 합니다. 하나님 나라 백성의 삶의 원리는 의에 있습니다. 주기도문을 모범으로 기도 생활하는 우리는 제일 먼저 하나님과 의의 관계를 맺고 있는지 점검하고 자기 의가 아니라 하나님의 의를 추구하며 기도해야 합니다. '너희는 먼저 그의 나라와 그 의를 구하라'(마 6:33)고 주님이 말씀하십니다.

주기도문은 예수님의 교훈의 핵심을 요약한 것이며 산상설교의 중심입니다. 주기도문은 복음을 요약한 것입니다. 주기도문은 예수 그리스도께서 하나님 나라 복음을 선포하심으로 새롭게 탄생한 하나님 나라 백성 공동체의 정체성을 결정하는 주된 기도문입니다.

묵상과 질문

1. 유대 종교지도자들의 기도 습관을 보면서 우리도 많은 생각을 하게 됩니다. 그들의 기도와 비교하여 우리 자신의 모습을 돌아보고 반성해야 할 일이 무엇인지 나누어 봅시다.

2. 유대인들의 기도문을 보면서 무슨 생각이 들었나요? 하나님이 택한 백성, 선민으로서 그들이 드린 기도는 하나님이 보시기에도 좋았을 것입니다. 그런데 왜 주기도문이 필요했을까요? 우리는 주기도문을 어떻게 사용하나요? 늘 마음에 두고 하나님을 사모하는 마음으로 기도하고 있나요?

3. 여러분은 하나님 나라를 사모하나요? 하나님이 나와 우리 공동체를 다스리는 날을 기대하며 사모하나요? 그것을 어떻게 표현하고 있나요?

3과

하늘에 계신 우리 아버지여

당신이 믿는 하나님은 어떤 분이신가요? 아래에 기록해 보세요.

예수님은 제자들에게 외식적이고 중언부언하는 기도를 하지 말라고 하시면서 주기도문을 가르쳐주십니다. '그러므로 너희는 이렇게 기도하라'는 말씀은 제자들에게 종교지도자들의 잘못된 기도와는 다른, 기도의 바른 태도와 내용을 알려주시겠다는 뜻입니다. 주기도문은 기도의 형식만이 아니라 기도의 정신을 강조합니다. 하나님이 어떤 분인지 잘 알고 기도하라고 가르쳐줍니다.

이제부터 주기도문의 구성을 하나 하나 살펴보겠습니다. 그리고 이번 과에서는 기도의 대상이 누구인지 예수님의 가르침을 통해 살펴보겠습니다.

1. 예수님의 기도

예수님의 기도 생활은 우리에게 늘 모범이 됩니다. 예수님은 사역이 바쁘신 중에도 한적한 곳에 가서 하나님의 뜻을 구하며 기도하셨습니다. 그런데 예수님이 보여주신 기도에서 중요한 점은 하나님을 부르는 호칭입니다. 오늘 본문은 예수님이 지상 사역을 마무리하고 십자가에 돌아가시기 전, 제자들과 함께할 때 드린 기도입니다. 이 기도를 배우면서 주기도문의 의미를 확인해 보겠습니다.

(요한복음 17:1-19) [1] 예수께서 이 말씀을 하시고 눈을 들어 하늘을 우러러 이르시되 아버지여 때가 이르렀사오니 아들을 영화롭게 하사 아들로 아버지를 영화롭게 하게 하옵소서 [2] 아버지께서 아들에게 주신 모든 사람에게 영생을 주게 하시려고 만민을 다스리는 권세를 아들에게 주셨음이로소이다 [3] 영생은 곧 유일하신 참 하나님과 그가 보내신 자 예수 그리스도를 아는 것이니이다 [4] 아버지께서 내게 하라고 주신 일을 내가 이루어 아버지를 이 세상에서 영화롭게 하였사오니 [5] 아버지여 창세 전에 내가 아버지와 함께 가졌던 영화로써 지금도 아버지와 함께 나를 영화롭게 하옵소서 [6] 세상 중에서 내게 주신 사람들에게 내가 아버지의 이름을 나타내었나이다 그들은 아버지의 것이었는데 내게 주셨으며 그들은 아버지의 말씀을 지키었나이다 [7] 지금 그들은 아버지께서 내게 주신 것이 다 아버지로부터 온 것인 줄 알았나이다 [8] 나는 아버지께서 내게 주신 말씀들을 그들에게 주었사오며 그들은 이것을 받고 내가 아버지께로부터 나온 줄을 참으로 아오며 아버지께서 나를 보내신 줄도 믿었사옵나이다 [9] 내가 그들을 위하여 비옵나니 내가 비옵는 것은 세상을 위함이 아니요 내게 주신 자들을 위함이니이다 그들은 아버지의 것이로소이다 [10] 내

것은 다 아버지의 것이요 아버지의 것은 내 것이온데 내가 그들로 말미암아 영광을 받았나이다 ¹¹ 나는 세상에 더 있지 아니하오나 그들은 세상에 있사옵고 나는 아버지께로 가옵나니 거룩하신 아버지여 내게 주신 아버지의 이름으로 그들을 보전하사 우리와 같이 그들도 하나가 되게 하옵소서 ¹² 내가 그들과 함께 있을 때에 내게 주신 아버지의 이름으로 그들을 보전하고 지키었나이다 그 중의 하나도 멸망하지 않고 다만 멸망의 자식뿐이오니 이는 성경을 응하게 함이니이다 ¹³ 지금 내가 아버지께로 가오니 내가 세상에서 이 말을 하옵는 것은 그들로 내 기쁨을 그들 안에 충만히 가지게 하려 함이니이다 ¹⁴ 내가 아버지의 말씀을 그들에게 주었사오매 세상이 그들을 미워하였사오니 이는 내가 세상에 속하지 아니함 같이 그들도 세상에 속하지 아니함으로 인함이니이다 ¹⁵ 내가 비옵는 것은 그들을 세상에서 데려가시기를 위함이 아니요 다만 악에 빠지지 않게 보전하시기를 위함이니이다 ¹⁶ 내가 세상에 속하지 아니함 같이 그들도 세상에 속하지 아니하였사옵나이다 ¹⁷ 그들을 진리로 거룩하게 하옵소서 아버지의 말씀은 진리니이다 ¹⁸ 아버지께서 나를 세상에 보내신 것 같이 나도 그들을 세상에 보내었고 ¹⁹ 또 그들을 위하여 내가 나를 거룩하게 하오니 이는 그들도 진리로 거룩함을 얻게 하려 함이니이다.

1 예수님은 기도하실 때 하나님을 어떻게 부르셨나요? 이 호칭이 나오는 절을 기록해 보세요. 이것을 통해 우리는 예수님이 누구인지 알 수 있나요? 하나님과 예수님은 어떤 관계인가요?

2 예수님은 무엇을 기도하고 계신지 정리해 보세요. 왜 그렇게 기도하고 계신가요? 주님이 위탁하신 사명을 위해 제자들은 어떻게 해야 할까요?

3 예수님이 말씀하시는 영생의 개념은 무엇인가요? 예수님은 영생을 왜 그렇게 표현하고 계실까요? 나는 영생을 소유하고 있나요?

예수님은 하나님을 아버지라고 부르셨습니다. 주님이 기도하는 모습은 성부와 성자의 관계를 보여줍니다. 아버지라는 말은 아람어 '아바'(abba)를 전제한 말입니다. 이 아람어는 자녀가 아버지를 부를 때 사용하는 용어로 우리말 '아빠'와 비슷한 어감을 줍니다. 예수님은 주기도문에서 이 호칭을 여러 차례 반복하셨습니다(요 17:5, 11, 21, 24, 25). 이 호칭은 예수님과 하나님이 맺고 있는 친밀하고 유기적인 관계를 분명하게 나타냅니다. 아울러 예수님께서 하나님의 아들이심을 보여주고 있습니다. 또한 예수님의 기도는 아버지와 아들의 사역상의 질서를 나타내는 동시에 아버지와 아들이 하나임을 강조합니다.

예수님은 자신을 영화롭게 해 달라고 간구합니다. 아들을 믿는 자들에게 영생을 주도록 말입니다. 예수님은 아들을 믿는 자들이 영생을 얻을 수 있도록 하나님께서 자신에게 만물을 다스리는 권세를 주셨음을 상기합니다. 계속해서 주님은 아버지의 말씀에 순종한 자신을 창세 전의 영화로 영광스럽게 해달라고 간구합니다. 하나님의 뜻을 행하는 일에 단 한 번도 주저하는 일이 없으신 예수님은 그의 삶과 죽음으로 아버지의 일을 이루시고 하나님을 영광스럽게 하셨습니다.

또한 예수님은 제자들을 보전하여 하나가 되게 해달라고 간구하고 그들을 세상의 악으로부터 구해 달라고 기도하십니다. 이러한 간구는 세상에 제자들을 파송하면서 그들의 필요를 구하는 기도입니다. 하나님과 아들되신 예수님이 하나이신 것처럼 제자들도 예수 안에서 하나가 되어야 합니다. 그리고 세상에 실제로 악이 있다는 것과 또한 세상 자체가 악하다는 것을 잘 아시는 주님은 이들이 악한 세상에 빠지지 않게 구해달라고 기도합니다. 예수님께서 하나님의 보내심을 받아 세상에 오신 것 같이 제자들도 주님의 보냄을 받아 세상에 나가기에, 그들이 거룩하고 구별된 삶을 살아야 하고 악에 빠지지 않아야 한다고 강조하는 것입니다.

예수님은 영생은 '유일하신 하나님과 그의 아들을 아는 것'이라고 말씀하십니다. 우리가 생각하는 영원한 생명은 영생의 의미를 모두 설명하지 못합니다. 영원히 살되 하나님과의 친밀한 교제가 없다면 그것은 참된 영생이 아닙니다. 영원하신 하나님과 그의 아들 예수 그리스도와 깊은 친밀감 가운데 교제하는 것이 진정한 영생입니다. 영원하신 하나님과 교제하며 살기 때문입니다. 요한은 하나님 나라의 삶을 영생으로 표현합니다. 하나님의 다스림 속에서 깊이 교제하고 기도하며 사는 것은 얼마나 아름다운 영생의 삶인가요?

2. 바울의 기도

예수님이 하나님을 아버지라고 부르며 기도하신 모습을 초대 교회 성도들은 어떻게 인식하고 기도했을까요? 우리는 바울의 기도에서 그러한 인식을 찾아 볼 수 있습니다. 바울은 예수 그리스도의 인격과 사역을 구약의 성취라고 가르치면서, 하나님을 아버지로 부릅니다. 그는 하나님을 왜 아버지로 부를까요?

(고린도후서 1:3-5) [3] 찬송하리로다 그는 우리 주 예수 그리스도의 하나님이시요 자비의 아버지시요 모든 위로의 하나님이시며 [4] 우리의 모든 환난 중에서 우리를 위로하사 우리로 하여금 하나님께 받는 위로로써 모든 환난 중에 있는 자들을 능히 위로하게 하시는 이시로다 [5] 그리스도의 고난이 우리에게 넘친 것 같이 우리가 받는 위로도 그리스도로 말미암아 넘치는도다.

> **1** 사도 바울은 고린도 교회에게 쓴 편지에서 하나님을 찬송합니다. 그는 어떤 하나님을 찬송하고 있나요? 우리도 환난 중에 하나님의 위로를 받아, 더 어려운 형편에서 고난 받는 형제들을 위로해 본 경험이 있나요?

(에베소서 1:17-19) [17] 우리 주 예수 그리스도의 하나님, 영광의 아버지께서 지혜와 계시의 영을 너희에게 주사 하나님을 알게 하시고 [18] 너희 마음의 눈을 밝히사 그의 부르심의 소망이 무엇이며 성도 안

에서 그 기업의 영광의 풍성함이 무엇이며 ¹⁹ 그의 힘의 위력으로 역사하심을 따라 믿는 우리에게 베푸신 능력의 지극히 크심이 어떠한 것을 너희로 알게 하시기를 구하노라.

2 바울은 기도할 때 하나님을 어떤 호칭으로 부르나요? 바울은 에베소 교회를 위해 세 가지를 기도하고 있습니다. 그것은 무엇인가요?

(에베소서 3:14-19) ¹⁴ 이러므로 내가 하늘과 땅에 있는 각 족속에게 ¹⁵ 이름을 주신 아버지 앞에 무릎을 꿇고 비노니 ¹⁶ 그의 영광의 풍성함을 따라 그의 성령으로 말미암아 너희 속사람을 능력으로 강건하게 하시오며 ¹⁷ 믿음으로 말미암아 그리스도께서 너희 마음에 계시게 하시옵고 너희가 사랑 가운데서 뿌리가 박히고 터가 굳어져서 ¹⁸ 능히 모든 성도와 함께 지식에 넘치는 그리스도의 사랑을 알고 ¹⁹ 그 너비와 길이와 높이와 깊이가 어떠함을 깨달아 하나님의 모든 충만하신 것으로 너희에게 충만하게 하시기를 구하노라.

3 바울은 기도하면서 하나님을 어떤 호칭으로 부르나요? 속사람의 강건을 위해 바울이 구하는 두 가지 기도 제목은 무엇인가요? 평소에 내가 드리는 기도와 바울의 기도는 어떤 차이가 있나요?

바울은 환난을 당하는 고린도 교회를 위해 하나님을 이렇게 소개합니다. "그는 우리 주 예수 그리스도의 하나님이시요 자비의 아버지시요 모든 위로의 하나님이시며 우리의 모든 환난 중에서 우리를 위로하사 우리로 하여금 하나님께 받는 위로로써 모든 환난 중에 있는 자들을 능히 위로하게 하시는 이시로다." 구약성경에서는 하나님을 '우리 조상들의 하나님'으로 묘사했습니다. 그러나 신약성경에서는 '세상에 보내신 예수 그리스도의 아버지'로 묘사됩니다. 이것은 초대 교회에 널리 사용된 독특한 기독교적 어법입니다. 사도 바울은 과거 조상의 하나님을 그리스도의 아버지라고 고백합니다. 하나님은 오직 예수 그리스도에 의하여 우리의 하나님이 되시고 아버지가 되신다는 것입니다. 하나님은 그리스도인인 우리의 아버지이십니다. 성경은 하나님이 자비의 하나님이고 위로의 하나님이라고 증거합니다.

사도 바울은 에베소서의 첫 번째 기도에서 하나님을 영광의 아버지라고 부르며 기도합니다. '영광의 아버지'는 '영광스러운 아버지'를 의미하는데, 영광은 하나님의 현존과 능력의 광채로서 하나님의 본질을 가리킵니다. 사도 바울은 지혜와 계시의 영을 주사 하나님을 알게 해달라고 기도합니다. 아울러 마음의 눈을 밝히사 부르심의 소망이 무엇인지, 성도 안에서의 기업의 영광의 풍성이 무엇인지, 그리고 믿는 성도에게 베푸시는 능력의 지극히 크심이 어떠한지를 알게 해 달라고 간구합니다. 이런 기도 내용을 통해 영광의 아버지가 어떤 분인지 짐작할 수 있습니다. 하나님은 성도의 부르심과 기업, 보호하시는 능력의 위대함을 알려 주시는 자상한 아버지라는 뜻으로 해석됩니다. 바울은 그런 영광의 하나님을 알게 해달라고 간구하는 것입니다.

두 번째 기도에서는 '하늘과 땅의 각 족속에게 이름을 주신 아버지'라고 부릅니다. 하늘의 천사와 땅의 성도에게 이름을 주신 창조주 하나님이 우리 아버지임을 강조합니다. 그 하나님은 우리 속사람을 성령으로 강건케 하실 수 있습니다. 속사람은 믿음과 사랑으로 충만해질 수 있습니다. 바울은 이것을 기도하고 있는 것입니다. 우리 기도와 얼마나 다른지 모릅니다.

바울의 기도는 하나님의 통치가 에베소 교회에 구체적으로 임하게 해달라는 간구입니다. 성도들의 신분과 하늘의 상속 그리고 성령의 능력을 체험하도록 간구하고 있습니다. 또한 우리를 창조하신 아버지 하나님은 우리 속사람도 성령으로 강건하게 하실 수 있으므로, 믿음과 사랑의 사람이 되도록 기도하고 있습니다. 주님이 가르쳐주신 기도에서 하나님의 나라가 이 땅에 임하게 해달라고 하는 기도가 에베소 교회의 구체적인 필요를 위한 바울의 목회 기도로 구체화되고 있음을 알 수 있습니다.

3. 주님이 가르쳐 주신 기도

예수님은 제자들에게 가르친 기도에서 하나님을 '하늘에 계신 우리 아버지여'라고 호칭하셨습니다. 예수님은 자신처럼 하나님을 우리 아버지라고 부르라고 가르쳤습니다. 예수님은 하나님의 두 번째 위격인 하나님의 아들입니다. 그에 반해 우리는 하나님의 피조물입니다. 우리가 무슨 권리로 하나님을 아버지로 부를 수 있습니까? 예수님의 말씀은 모든 사람이 선천적으로 하나님의 자녀인 것이 아니라 예수께 헌신한 제자들이 그분의 은혜로 하나님의 가족이 되었음을 증거하고 있습니다. 아버지 하나님께 기도하는 일은 오직 그리스도인들만 가능합니다.

(마태복음 6:9-13) ⁹ 그러므로 너희는 이렇게 기도하라 하늘에 계신 우리 아버지여 이름이 거룩히 여김을 받으시오며 ¹⁰ 나라가 임하시오며 뜻이 하늘에서 이루어진 것 같이 땅에서도 이루어지이다 ¹¹ 오늘 우리에게 일용할 양식을 주시옵고 ¹² 우리가 우리에게 죄 지은 자를 사하여 준 것 같이 우리 죄를 사하여 주시옵고 ¹³ 우리를 시험에 들게 하지 마시옵고 다만 악에서 구하시옵소서 (나라와 권세와 영광이 아버지께 영원히 있사옵나이다 아멘).

1 주님이 가르쳐주신 기도에서 하나님을 어떤 호칭으로 부르나요? 주님이 이렇게 가르쳐 주신 의미가 무엇일까요?

2 '하늘에 계신'의 의미가 어떻게 다가오나요? 이 하늘은 우리 육안으로 볼 수 있는 천체의 대기권을 말하는 것일까요? 아니면 하나님이 계신 신성한 영역을 말하는 것일까요? 우리가 '하늘에 계신 우리 아버지'라고 부르며 기도할 때 어떤 믿음과 능력이 임할까요?

3 앞에서 공부한 예수님의 기도와 바울의 기도를 볼 때, 주님이 가르쳐 주신 기도의 특징은 무엇인가요? 하나님 나라는 어떤 나라인가요? 내 안에서, 그리고 내가 사는 삶의 현장에서 하나님 나라는 어떻게 이루어지고 있나요?

올바른 방식으로 기도하려면 하나님이 은혜로운 '아버지'가 되신다는 뜻이 무엇인지 깨달아야 합니다. 우리는 어떤 이유로 하나님을 아버지라고 부를 수 있을까요? 사도 바울은 이렇게 설명합니다. "너희가 아들이므로 하나님이 그 아들의 영을 우리 마음 가운데 보내사 아빠 아버지로 부르게 하셨느니라"(갈 4:6).

우리는 하나님의 양자입니다. 우리는 하나님의 사랑하는 아들 못지않게 사랑을 받습니다. 자녀를 입양한 가정에서는 친자녀와 입양된 자녀 중 친자녀를 더 사랑하는 가정이 있지만, 하나님 아버지는 편애하지 않고 동일하게 사랑하십니다. 하나님은 아버지로서 우리를 돌보는 일을 그만두지 않으실 것입니다. 하나님은 우리가 방탕한 행동을 할지라도 여전히 인내하는 우리 아버지가 되십니다.

마태복음 7장 11절은 이렇게 말씀합니다. "너희가 악한 자라도 좋은 것으로 자식에게 줄 줄 알거든 하물며 하늘에 계신 너희 아버지께서 구하는 자에게 좋은 것으로 주시지 않겠느냐?" 이와 병행 구절인 누가복음 11장 13절에는 '좋은 것으로' 대신에 '성령을'이라고 되어 있습니다. 예수님께서 주시려는 좋은 것은 성령이었습니다. 하나님이 우리에게 아버지의 사랑을 베푸신다는 진리를 알면 기도는 물론 모든 삶에서 무한한 자신감이 생깁니다.

하나님 아버지께서 하늘에 계시고, 하늘에 계신 하나님이 우리의 아버지임을 아는 지식은 우리를 경이롭게 하고 더욱 기쁘게 합니다. 자녀인 우리에게는 하나님 아버지와 소통할 수 있는 핫라인이 주어졌습니다. 기도의 특권이 주어진 것입니다. 그분은 온 세계의 주님이면서도, 항상 우리에게 시간을 내어주십니다. 그분의 눈은 매순간 모든 것을 지켜보면서도, 우리가 부르면 언제든지 우리를 주목하십니다. 그래서 우리는 기도할 때 '하늘에 계신 우리 아버지여'라고 부릅니다.

묵상과 질문

1. 예수님이 십자가에서 죽기 전에 제자들을 위해 기도하신 내용을 통해 알 수 있는 내용은 무엇인가요? 우리 삶에서 가장 우선이 되는 목적은 무엇이 되어야 하나요?

2. 바울이 에베소 교회를 위해 드린 기도를 나에게 적용한다면 꼭 필요한 내용은 무엇인가요?

3. '하늘에 계신 우리 아버지'라고 기도하며 하나님을 부르는 것은 자신에게 어떤 의미가 있는지 신앙고백 차원에서 나누어 봅시다.

4과

이름이 거룩히 여김을 받으시오며

주님이 가르쳐 주신 기도의 첫 번째 간구는 '하나님의 이름이 거룩히 여김을 받으소서' 입니다. 소요리 문답 101문은 이 간구를 이렇게 설명합니다.

> **소요리 문답 101문**
> **첫 번째 간구에서 우리는 무엇을 기도합니까?**
>
> 첫 번째 간구 "이름이 거룩히 여김을 받으시오며"에서 우리는 하나님께서 우리와 다른 사람으로 하여금 하나님께 자신을 계시하신 모든 방법으로 하나님을 영화롭게 하시고, 모든 일을 하나님 자신의 영광을 위하여 처리하여 주시기를 구합니다.

소요리 문답은 하나님의 영광을 깊이 생각하며 이 간구를 드려야 한다고 가르칩니다. 기도의 초점이 하나님 아버지에게 있음을 알려 줍니다. 우리는 하나님 아버지에게 필요를 직접 간구하는 것이 기도라고 생각합니다. 그러나 이런 정의에만 매몰되면 기도가 쌍방 소통이라는 사실을 놓쳐 버립니다. 때때로 우리는 기도가 하나님과 친밀하게 교제하는 방법이라는 것을 잊을 수 있습니다. 기도는 우리의 필요를 구하는 것만이 아니라 하나님의 영광을 구하는 것입니다.

1. 이름이 거룩히 여김을 받으시오며

이 청원은 주기도문의 초점이 아버지이신 하나님께 있음을 알려 줍니다. 우리의 기도 중심은 응답하시는 하나님께 맞추어져야 하며, 그분을 높이는 것이 우리의 소원이 되어야 합니다.

(마태복음 6:9-13) [9] 그러므로 너희는 이렇게 기도하라 하늘에 계신 우리 아버지여 이름이 거룩히 여김을 받으시오며 [10] 나라가 임하시오며 뜻이 하늘에서 이루어진 것 같이 땅에서도 이루어지이다 [11] 오늘 우리에게 일용할 양식을 주시옵고 [12] 우리가 우리에게 죄 지은 자를 사하여 준 것 같이 우리 죄를 사하여 주시옵고 [13] 우리를 시험에 들게 하지 마시옵고 다만 악에서 구하시옵소서 (나라와 권세와 영광이 아버지께 영원히 있사옵나이다 아멘).

1 주기도문의 첫 번째 간구는 무엇인가요? 평상시에 개인기도나 대표기도를 할 때 제일 많이 하는 말이 무엇인가요? 주님이 가르쳐주신 기도와 비교해 보세요.

2 하나님의 이름에서 '이름'은 무엇을 뜻하는 것일까요? 성경에서 계시된 하나님의 이름과 하나님의 속성을 아는 대로 기록해 보세요.

3 거룩하다는 말이 어떤 의미인지 나누어 봅시다. 우리의 생각과 말과 행위는 아버지 하나님을 닮아 거룩한가요? 우리가 때때로 거룩하지 못한 이유는 무엇인가요?

주님은 첫 번째 간구에서 아버지의 이름이 거룩히 여김을 받도록 구하라고 하셨습니다. 여기에서 하나님의 자녀인 우리가 가장 우선시하고 간절하게 여겨야 할 관심사가 무엇이어야 하는지 알 수 있습니다. 우리는 하늘에 계신 아버지가 세상에서 영광스러운 대접을 받기를 애타게 바라야 합니다. 그러므로 우리 아버지의 이름이 거룩히 여김을 받는 것은 주기도문의 모든 기원에 스며있는 정신적인 지주와 같은 소망입니다.

이름은 그 인물에 대한 설명이며 그 인물의 존재와 성격을 규명합니다. 그러므로 누구의 이름을 안다는 것은 그 인물의 본질 자체를 안다는 뜻입니다. 주님의 이름이 예수이신 것은 주님이 '자기 백성을 그들의 죄에서 구원하실 자'이기 때문입니다.

전능하신 여호와 하나님은 거룩하십니다. 거룩에는 '구별', '분리'라는 의미가 있습니다. 다른 모든 피조물과 분리되고 구별되어 계신 존재가 하나님입니다. 거룩함은 하나님과 우리를 구별짓는 모든 것을 가리키는 성경의 단어입니다. 거룩은 특히 하나님의 놀라운 권능과 고결함을 지칭합니다. 그러므로 거룩하신 하나님께서는 그의 백성인 이스라엘에게도 동일하게 거룩을 요구하십니다. "너희는 거룩하라. 이는 나 여호와 너희 하나님이 거룩함이니라"(레 19:1). 우리는 이스라엘 가운데 하나님의 이름이 거룩히 여김을 받지 못하여 어떤 일이 벌어졌는지를 잘 알고 있습니다. 우상 숭배하던 이스라엘 때문에 하나님의 거룩한 이름이 열방 중에서 더럽혀졌습니다. 그 결과 이스라엘은 멸망해 바벨론 포로로 잡혀갔습니다. 이 역사를 기억하며 우리 삶에서 하나님의 이름을 욕되게 하는 일이 없는지 늘 살피고 회개해야 합니다. 그러므로 우리의 첫 번째 기도와 관심사는 하나님의 이름이 거룩히 여김을 받는 것입니다.

2. 하나님의 이름

우리가 알고 있는 하나님의 이름은 여호와입니다. 성경은 하나님이 어떤 분인지를 계시할 때 하나님의 이름을 드러냅니다. 이스라엘 백성을 구원하실 하나님은 자신을 스스로 있는 자(여호와), 거룩하신 분, 창조자, 왕이라고 강조합니다. 하나님은 이름을 통해 자신의 존재를 계시하십니다. 하나님은 처음이자 마지막이며 항상 자존해 계시는 여호와 하나님입니다. 유일하신 하나님이 이스라엘의 왕이기에 당연히 이스라엘을 구원하고 회복하시는 전능한 분임을 알려 주십니다. 특별히 우리가 아는 하나님의 이름은 무엇인가요? 그 이름이 우리에게 어떤 믿음을 더해 주나요?

(출애굽기 3:13-15) [13] 모세가 하나님께 아뢰되 내가 이스라엘 자손에게 가서 이르기를 너희의 조상의 하나님이 나를 너희에게 보내셨다 하면 그들이 내게 묻기를 그의 이름이 무엇이냐 하리니 내가 무엇이라고 그들에게 말하리이까 [14] 하나님이 모세에게 이르시되 나는 스스로 있는 자이니라 또 이르시되 너는 이스라엘 자손에게 이같이 이

르기를 스스로 있는 자가 나를 너희에게 보내셨다 하라 ¹⁵ 하나님이 또 모세에게 이르시되 너는 이스라엘 자손에게 이같이 이르기를 너희 조상의 하나님 여호와 곧 아브라함의 하나님, 이삭의 하나님, 야곱의 하나님께서 나를 너희에게 보내셨다 하라 이는 나의 영원한 이름이요 대대로 기억할 나의 칭호니라.

1 하나님의 이름을 묻는 모세에게 하나님은 무엇이라고 말씀하셨나요? 그 이름의 의미는 무엇인가요?

(창세기 17:1-5) ¹ 아브람이 구십구 세 때에 여호와께서 아브람에게 나타나서 그에게 이르시되 나는 전능한 하나님이라 너는 내 앞에서 행하여 완전하라 ² 내가 내 언약을 나와 너 사이에 두어 너를 크게 번성하게 하리라 하시니 ³ 아브람이 엎드렸더니 하나님이 또 그에게 말씀하여 이르시되 ⁴ 보라 내 언약이 너와 함께 있으니 너는 여러 민족의 아버지가 될지라 ⁵ 이제 후로는 네 이름을 아브람이라 하지 아니하고 아브라함이라 하리니 이는 내가 너를 여러 민족의 아버지가 되게 함이니라.

2 아브람에게 나타난 하나님은 자신의 이름을 무엇이라고 계시하나요? 하나님은 왜 자신의 이름을 알려 주시는 것일까요? 하나님은 아브람의 이름을 왜 바꾸어 주시는 것일까요?

(에스겔 48:30-35) ³⁰ 그 성읍의 출입구는 이러하니라 북쪽의 너비가 사천오백 척이라 ³¹ 그 성읍의 문들은 이스라엘 지파들의 이름을 따를 것인데 북쪽으로 문이 셋이라 하나는 르우벤 문이요 하나는 유다 문이요 하나는 레위 문이며 ³² 동쪽의 너비는 사천오백 척이니 또한 문이 셋이라 하나는 요셉 문이요 하나는 베냐민 문이요 하나는 단 문이며 ³³ 남쪽의 너비는 사천오백 척이니 또한 문이 셋이라 하나는 시므온 문이요 하나는 잇사갈 문이요 하나는 스불론 문이며 ³⁴ 서쪽도 사천오백 척이니 또한 문이 셋이라 하나는 갓 문이요 하나는 아셀 문이요 하나는 납달리 문이며 ³⁵ 그 사방의 합계는 만 팔천 척이라 그 날 후로는 그 성읍의 이름을 여호와삼마라 하리라.

3 본문에서 계시하는 성읍의 이름은 무엇인가요? 이 성읍은 무엇을 가리킬까요? 이스라엘의 회복을 약속하신 하나님은 새 땅을 주시고 열두 지파에게 다시 분배합니다. 그리고 그들 가운데 함께 하신다고 약속합니다. 당신은 늘 우리 가운데 함께 하시는 하나님을 만나고 있나요?

구약에서 계시된 하나님 아버지의 이름은 다양합니다. 하나님은 이름을 묻는 모세에게 "나는 스스로 있는 자니라"(출 3:14)고 가르쳐 주셨습니다. 이 말은 히브리어로 '여호와'라고 합니다. 여호와의 뜻은 '시작과 끝이 없으신, 언제나 존재하는 자존자(自存者)'란 뜻입니다. 피조물과는 달리 영원 전부터 영원까지 능동적으로 '스스로 계시는 분'(I am who I am)임을 강조한 표현입니다(계 1:4, 8). 이는 절대 완전하고 독립적이며 우주 안의 모든 인과 법칙을 초월한 하나님의 본질과 속성을 그대로 반영한 말입니다. 하나님은 모든 존재의 근거와 기반이 되는 분입니다. 그 하나님은 이스라엘의 조상의 하나님, 즉 아브라함, 이삭, 야곱의 여호와 하나님입니다. 그들과 맺은 언약의 하나님이라는 뜻입니다. 하나님은 초월자이면서 내재하시는 분입니다. 그는 영원하시고 자존하시는 초월의 하나님이며, 이스라엘과 맺은 언약을 기억하고 구원하러 오는 내재의 하나님입니다.

하나님이 성경에서 최초로 이름을 계시하신 사건은 아브람과 언약을 갱신하실 때였습니다. 우리가 잘 아는 것처럼 하나님과 언약을 체결하고도 자신의 방법으로 이스마엘을 낳은 아브람에게 하나님은 어떻게 말씀하셨나요? "나는 전능한 하나님이라 너는 내 앞에서 행하여 완전하라"(창 17:1). 여기서 전능하신 하나님은 '엘 샤다이'입니다. 이 이름은 하나님께서 자연법칙을 초월하여 자신의 약속을 성취시키는 무한한 능력을 소유하고 계심을 강조하는 명칭입니다. 죽은 자도 살리실 전능하신 하나님이라는 의미입니다. 그러므로 엘 샤다이 앞에서 아브람은 새로운 모습이 되어야 합니다. 하나님은 자신의 능력과 방법으로 하나님의 언약을 이루려고 애썼던 아브람을 아브라함이라 고쳐 부르십니다. 아브라함은 하나님께서 아브람에게 새 언약과 함께 주신 새 이름입니다.

마지막으로 구약성경에서 찾아볼 수 있는 대표적인 여호와의 이름이 있습니다. 그것은 '여호와 삼마'입니다. '여호와 삼마'는 여호와께서 거기 계시다는 뜻입니다. 이 이름은 구원의 역사에서 새 예루살렘 성을 상징하는 이름이기에 의미가 더욱 큽니다. '그 날'은 하나님의 모든 구원 사역이 완성되는 이스라엘의 온전한 회복의 날입니다. 성의 출입문들은 열두 지파의 이름으로 명명되어 있는데, 이는 그 성읍이 온 이스라엘의 공동 소유인 것을 암시합니다. 이러한 성읍이 '여호와 삼마'로 불리웠다는 것은 여호와께서 새 이스라엘 공동체와 항상 함께 하시리라는 사실을 시사합니다. 즉 여호와 삼마의 하나님은 임마누엘이십니다.

3. 거룩하라

하나님은 거룩하십니다. 하나님의 백성인 우리도 거룩해야 합니다. 하나님의 이름에 합당한 영광을 돌리는 이유는 그의 거룩하심 때문입니다. 천사들은 '거룩하다, 거룩하다, 거룩하다' 찬양합니다. 땅에 있는 우리들도 하나님의 거룩하심을 바라보고 찬송해야 합니다. 거룩하신 하나님은 그의 백성을 거룩하게 재창조하시고 그들에게 거룩하라고 명령하십니다.

(레위기 11:44-45) [44] 나는 여호와 너희의 하나님이라 내가 거룩하니 너희도 몸을 구별하여 거룩하게 하고 땅에 기는 길짐승으로 말미암아 스스로 더럽히지 말라 [45] 나는 너희의 하나님이 되려고 너희를 애굽 땅에서 인도하여 낸 여호와라 내가 거룩하니 너희도 거룩할지어다.

(레위기 19:1-2) [1] 여호와께서 모세에게 말씀하여 이르시되 [2] 너는 이스라엘 자손의 온 회중에게 말하여 이르라 너희는 거룩하라 이는 나 여호와 너희 하나님이 거룩함이니라.

(레위기 20:26) 너희는 나에게 거룩할지어다 이는 나 여호와가 거룩하고 내가 또 너희를 나의 소유로 삼으려고 너희를 만민 중에서 구별하였음이니라.

1 하나님은 그의 백성인 우리에게 왜 거룩하라고 명령하나요? 하나님과 우리와의 관계를 거룩의 관점에서 이야기 해봅시다.

(시편 24:1-6) [1] 땅과 거기에 충만한 것과 세계와 그 가운데에 사는 자들은 다 여호와의 것이로다 [2] 여호와께서 그 터를 바다 위에 세우심이여 강들 위에 건설하셨도다 [3] 여호와의 산에 오를 자가 누구며 그의 거룩한 곳에 설 자가 누구인가 [4] 곧 손이 깨끗하며 마음이 청결하며 뜻을 허탄한 데에 두지 아니하며 거짓 맹세하지 아니하는 자로다 [5] 그는 여호와께 복을 받고 구원의 하나님께 의를 얻으리니 [6] 이는 여호와를 찾는 족속이요 야곱의 하나님의 얼굴을 구하는 자로다 (셀라).

2 시편 기자는 여호와의 산 곧 거룩한 곳에 설 자가 누구라고 말하고 있나요? 그들은 왜 거룩을 추구할까요?

(데살로니가전서 4:3-8) ³ 하나님의 뜻은 이것이니 너희의 거룩함이라 곧 음란을 버리고 ⁴ 각각 거룩함과 존귀함으로 자기의 아내 대할 줄을 알고 ⁵ 하나님을 모르는 이방인과 같이 색욕을 따르지 말고 ⁶ 이 일에 분수를 넘어서 형제를 해하지 말라 이는 우리가 너희에게 미리 말하고 증언한 것과 같이 이 모든 일에 주께서 신원하여 주심이라 ⁷ 하나님이 우리를 부르심은 부정하게 하심이 아니요 거룩하게 하심이니 ⁸ 그러므로 저버리는 자는 사람을 저버림이 아니요 너희에게 그의 성령을 주신 하나님을 저버림이니라.

3 사도 바울은 하나님의 뜻이 무엇이라고 말하나요? 왜 그렇게 가르치고 있나요? 바울은 어떤 배경에서 이런 말씀으로 데살로니가 교회를 권면했을까요?

성도들의 중요한 정체성 중의 하나가 '거룩한 나라'입니다. 거룩한 나라는 세상과 구별되어 하나님께 속한 백성으로서, 여호와 하나님을 열방 가운데 알려야 함을 말합니다. 그래서 하나님은 '내가 거룩하니 너희도 거룩하라'고 요구하십니다.

거룩함은 하나님이 주시는 것입니다. 하나님은 자신을 위해 이스라엘을 구별하셨습니다. 아브라함의 선택과 이스라엘의 출애굽 사건에서 나타나듯 거룩함은 하나님이 베푸시는 은혜의 선물이었습니다. 레위기 20장 46절에서는 이스라엘을 만민 중에 구별하신 이유가 하나님의 소유로 이스라엘을 삼기 위함이었다고 밝히십니다. 레위기 19장은 거룩함의 범위가 얼마나 광대한지 잘 보여줍니다. 공동체, 농업, 사회적 관계, 사회적 약자, 법 제도, 종교, 성적 고결함, 우상 숭배 거부, 인종 평등 지향 등 문화와 삶 전반에 걸쳐 거룩해 질 것을 요구합니다.

시편 기자는 하나님의 거룩하심을 찬양합니다. 하나님이 계시는 거룩한 존전에 설 수 있는 자가 손이 깨끗하며, 마음이 청결하며 뜻을 허탄한 데에 두지 아니하며, 거짓 맹세하지 아니하는 자라고 말합니다. 거룩한 자가 어떤 자인지 잘 보여줍니다. 몸과 마음이 정결하며 오직 하나님께만 헌신하고 섬기는 자입니다. 그들은 여호와 하나님께 복을 받은 자들입니다. 하나님께 속하였고 하나님을 찾으며 하나님 앞에 설 수 있는 사람들, 그들이 거룩한 하나님의 백성이요 성도들입니다.

우리가 기억해야 할 중요한 부분은 거룩함이 하나님의 명령이라는 사실입니다. 구약 뿐 아니라 신약성경도 이 부분을 중요하게 다룹니다. 사도 바울은 데살로니가 교회에게 당시에 만연한 음란 문제를 언급하며 거룩을 지키는 것이 하나님의 뜻이라고 가르칩니다. 하나님이 정해주신 범위를 넘어 이방인들처럼 정욕을 따르는 음란한 성행위를 금했습니다. 특히 당시 이방 신전의 종교행위는 음란한 것이었습니다. 바울은 교인들에게 이런 풍습을 거슬러 거룩함과 존귀함으로 행하라고 강하게 권면합니다. 우리는 거룩한 하나님의 자녀들입니다. 아버지를 닮아 모든 일과 행위와 생각에 있어 거룩해야 합니다.

묵상과 질문

1. 하나님의 이름이 언제, 어떤 상황에서 거룩해지는지 생각해 보고 나누어봅시다. 우리의 경험을 나누면서 '하나님의 이름이 거룩히 여김을 받으시옵소서'라고 기도하라고 가르치신 주님의 마음을 헤아려 봅시다.

2. 하나님의 이름을 망령되게 사용하는 일은 없었나요? 하나님의 이름이 무시당하거나 더럽혀지는 상황에서 우리는 어떻게 해야 할까요?

3. 하나님은 '내가 거룩하니 너희도 거룩하라'고 하셨습니다. 이 말씀을 진정으로 이해하고 순종하고 있나요? 특별히 내 삶에서 거룩해져야 할 영역은 무엇인가요? 거룩하게 살기 위해 우리 가운데 계시는 성령님을 알고 늘 의지하나요?

똘똘이라는 망나니가 있었다. 그가 어느 날 2층 아버지 방에 가 보았더니 벽에 걸려있는 아버지의 상반신 큰 사진에 눈, 코, 입, 가슴 할 것 없이 이곳 저곳에 크고 작은 못이 가득히 박혀 있었다. 그래서 똘똘이가 "아버지, 어떤 녀석이 아버지의 사진에 이렇게 많은 못을 박아 놨어요? 그 녀석을 알려만 주시면 내가 때려줄 거예요"라고 했다. 그 말을 들은 아버지가 아들을 앞혀 놓고 하는 말이 "네가 그랬다"라고 했다. 그는 말하기를 자기는 이 방에 들어오지 않은 지가 한 달이나 되었다고 하면서 어떻게 아들이 사진일망정 아버지의 얼굴과 가슴에 못을 박을 수 있겠느냐고 항변을 했다. 그러니까 아버지가 다시 말하기를 "들어 보아라. 네가 큰 잘못을 해서 내 마음이 크게 상했을 때에는 내가 큰 못을 이 사진에 박았고, 네가 작은 잘못을 저질러서 내 마음을 작게 상하게 했을 때에는 작은 못을 박았단다. 그리고 차라리 내 눈이 없으면 좋겠다 싶을 때에는 눈에 못을 박고 귀가 없어서 차라리 너의 잘못한다는 소리를 듣지 않았으면 좋겠다고 생각할 때에는 귀에 못을 박았으니, 이 모든 못은 네가 박은 것이 아니냐"라고 했다.

　가만히 생각해 보니 아버지의 말씀이 옳았다. 그 아들은 눈물을 흘리면서 어떻게 하면 그것을 뺄 수 있느냐고 질문을 했다. 그랬더니 아버지가 하는 말이 "네가 세상에 나가서 빛을 드러내어 착한 행실을 보여주어라. 그러면 네가 나에게 보고하지 않아도 세상 사람들이 나에게 보고할 것 아니냐? 네가 크게 잘했다 할 때에 큰 못을 뗄 것이고 작은 일을 잘했다 하면 작은 못을 뺄 것이다" 라고 했다. 그 뒤부터 그 아이는 좋은 일만 하려고 했다. 어른에게 인사도 잘 않던 아이가 어른들을 보면 인사도 꾸벅꾸벅 잘하니 칭찬이 자자하게 되었다. 학교에 가서도 좋은 일만 하고 공부도 열심히 하며 누가 시키지 않아도 청소를 하고 혹은 화장실 문을 닫고 다니니까 좋은 보고가 아버지에게 들려왔다. 그럴 때마다 아버지가 못을 뺐는데 이 아이는 하루를 마칠 때마다 아버지 방에 가서 사진에 못이 몇 개나 빠졌는가 확인해 보곤 하며 다음 날은 어떤 착한 일을 할까 생각하게 되었다. 그러던 어느 날 아버지의 사진에서 못이 다 빠지게 되자 똘똘이가 "아버지, 아버지, 못은 다 빠졌는데 아버지 얼굴은 곰보네요"라고 하길래 아버지는 "그래 이 사진을 치우고 너하고 사진을 찍자. 그리고 이제 다시는 아빠 얼굴이나 가슴에 못을 박는 일은 하지 말자" 하고 그를 가슴에 안고 사진을 찍어서 그 방에 걸어 놓았다.

5과

나라가 임하옵시며

   예수님의 두 번째 간구는 '하나님의 나라가 임하옵시며'(마 6:10)입니다. 이 기도는 마태복음 문맥에서 볼 때 가장 중요하고 핵심적인 기도입니다. 예수님이 세례 요한에 이어 사역을 시작하실 때 처음 하신 말씀이 "때가 찼고 하나님 나라가 가까이 왔으니 회개하고 복음을 믿으라"(막 1:15)입니다. 하나님 나라가 가까이 왔다고 하셨으니 우리는 하나님 나라가 무엇인지 알아야 합니다. 이스라엘 역사와 시편에 나타난 하나님 나라, 선지자가 예언한 하나님 나라의 개념을 알아야 합니다. 동시에 예수님이 이루시는 하나님 나라를 이해해야 합니다.

1. (하나님의) 나라가 임하옵소서

하나님 나라는 하나님이 통치하시는 나라입니다. 그곳은 백성이 하나님의 왕 되심을 믿고 어떤 상황에서도 흔들림 없이 견고하게 서는 나라입니다. 하나님은 악한 사탄을 물리치시며 그의 나라를 확장하십니다. 우리가 매일매일 악전고투하는 믿음 생활 속에서 승리할 수 있는 이유는 우리 가운데 하나님 나라가 임하기 때문입니다. 그러나 우리는 종종 하나님의 통치를 잊을 때가 있습니다. 믿음이 연약해져서 세상 염려로 가득할 때가 많습니다. 따라서 주님이 가르쳐 주신 기도로 믿음을 회복해야 합니다.

(마태복음 6:9-13) [9] 그러므로 너희는 이렇게 기도하라 하늘에 계신 우리 아버지여 이름이 거룩히 여김을 받으시오며 [10] 나라가 임하시오며 뜻이 하늘에서 이루어진 것 같이 땅에서도 이루어지이다 [11] 오늘 우리에게 일용할 양식을 주시옵고 [12] 우리가 우리에게 죄 지은 자를 사하여 준 것 같이 우리 죄를 사하여 주시옵고 [13] 우리를 시험에 들게 하지 마시옵고 다만 악에서 구하시옵소서 (나라와 권세와 영광이 아버지께 영원히 있사옵나이다 아멘).

1 주기도문의 두 번째 간구 내용은 무엇인가요? 이 간구는 첫 번째와 세 번째 간구 내용과 어떻게 연결되나요?

2 여러분이 이해하고 경험하는 하나님 나라는 무엇인가요? 고난과 핍박을 받으면서 믿음 생활을 할 때도 하나님 나라는 임하고 있을까요? 여러분의 생각을 나누어 보세요.

3 하나님 나라가 임하기를 간구하며 살아가는 성도는 세상 나라에 대하여 어떤 마음과 태도를 가지고 살아야 할까요?

성경에서 표현된 하나님 나라를 이해하기 위해 알아야 할 중요한 점이 있습니다. 첫 번째는 하나님은 왕이시라는 것과, 두 번째는 그 왕권이 구체적으로 행해지는 나라의 영역입니다. 이 두 가지는 서로 분리할 수 없습니다. 세 번째는 왕이신 하나님의 통치를 받는 백성이 이 땅에 있다는 것입니다. 하나님 나라에는 세 가지 중요한 요소가 있습니다. 통치자, 통치 영역, 그리고 통치를 받는 백성입니다.

예수님은 두 번째 간구로 하나님 나라가 임하도록 기도하라고 가르치십니다. 이 간구는 첫 번째 간구와 직접적으로 관련이 있습니다. 하나님의 이름은 그분을 인정하고 경배하는 그분의 나라에서 거룩히 여김을 받으십니다. 그런데 인간의 불순종과 타락 때문에 사탄이 세상에서 왕의 자리를 빼앗고 온갖 죄와 악으로 세상을 혼란스럽게 합니다. 하나님의 선하시고 아름다운 뜻이 이 땅에서 훼방을 받습니다. 그럼에도 불구하고 하나님 나라가 임한다면 사탄의 세력은 물러나고 하나님의 이름은 거룩히 여김을 받을 것입니다.

하지만 하나님 나라가 임한다고 해서 우리가 이 땅의 나라를 소홀히 여겨서는 안 됩니다. 하나님은 선한 목적을 위해 이 땅에 국가를 세우셨습니다. 성도는 하나님의 명령을 따라 국가에 순종해야 합니다. 그리고 이 땅의 나라가 하나님 나라가 되도록 주님께 간구하며 복음 전하는 일에 열심을 내야합니다. 그렇다고 우리 힘으로 하나님 나라를 확장한다는 생각을 하면 안 됩니다. 하나님 나라는 위로부터 아래로, 하늘에서 땅으로 임합니다. 다만 우리는 하나님의 은혜로 이 땅에 임한 그 나라에 참여하고, 하나님의 통치가 임할 때 기꺼이 그 통치에 순종할 뿐입니다. 하나님의 통치는 인간의 계획과 행위로 이루어지는 것이 아니라, 하나님께서 친히 세상의 원수들을 무찌르시고 공중의 권세 잡은 자인 사탄을 멸망 시키실 때 비로소 이 땅에 이루어집니다.

2. 구약 시편에 나타난 하나님 나라

여호와께서 통치하신다는 하나님 나라 복음은 구약에 이미 등장하는 개념입니다. 특히 시편에서 이스라엘 백성들이 고백하는 하나님 나라는 우리들이 믿고 따라야 하는 그 나라입니다. 자신의 죄악과 고난에서 하나님의 구원을 경험한 이스라엘 백성들이 시편에서 노래하는 하나님 나라는 우리의 심령에 공감을 주며 함께 찬양하게 합니다. 그러므로 시편은 이 땅에 하나님 나라가 충분히 이루어지지 못해 생긴 고통 가운데, 하나님의 통치가 하늘에서 이루어진 것 같이 이 땅에서도 이루어지게 해달라는 성도들의 간청이자 합창 소리입니다.

(시편 146:1-10) ¹ 할렐루야 내 영혼아 여호와를 찬양하라 ² 나의 생전에 여호와를 찬양하며 나의 평생에 내 하나님을 찬송하리로다 ³ 귀인들을 의지하지 말며 도울 힘이 없는 인생도 의지하지 말지니 ⁴ 그의 호흡이 끊어지면 흙으로 돌아가서 그 날에 그의 생각이 소멸하리로다 ⁵ 야곱의 하나님을 자기의 도움으로 삼으며 여호와 자기 하나님에게 자기의 소망을 두는 자는 복이 있도다 ⁶ 여호와는 천지와 바다와 그 중의 만물을 지으시며 영원히 진실함을 지키시며 ⁷ 억눌린 사람들을 위해 정의로 심판하시며 주린 자들에게 먹을 것을 주시는 이시로다 여호와께서는 갇힌 자들에게 자유를 주시는도다 ⁸ 여호와께서 맹인들의 눈을 여시며 여호와께서 비굴한 자들을 일으키시며 여호와께서 의인들을 사랑하시며 ⁹ 여호와께서 나그네들을 보호하시며 고아와 과부를 붙드시고 악인들의 길은 굽게 하시는도다 ¹⁰ 시온아 여호와는 영원히 다스리시고 네 하나님은 대대로 통치하시리로다 할렐루야.

1 왜 시편 기자는 여호와 하나님을 찬양하라고 말할까요? 우리가 체험한 하나님에 관해 나누어보세요.

2 이 시편에서 복 있는 사람은 누구이며, 그 사람은 왜 복이 있나요? 주님이 가르쳐 주신 팔복(마 5:1-12)과 비교하여 설명해 보세요.

3 시편에 나타나는 하나님 나라의 특징은 무엇인가요? 하나님은 어떤 사람을 회복시키나요? 예수님의 사역 중에 나타난 하나님 나라와 비교해 보세요.

시편 145편과 146편은 그 의미가 연결됩니다. 다윗의 찬송시로 알려진 시편 145편은 하나님 나라를 높이고 있습니다. 이스라엘의 왕 다윗은 여호와 하나님을 참된 왕으로 믿고 이렇게 찬송합니다. "왕이신 나의 하나님 내가 주를 높이고 영원히 주의 이름을 송축하리이다"(시 145:1). 146편에서는 이렇게 외칩니다. "시온아 여호와는 영원히 다스리시고 네 하나님은 대대로 통치하시리로다 할렐루야"(시 146:1). 146편도 여호와가 다스리는 나라가 어떤 나라인지 소개하면서 그 하나님을 의지하라고 호소합니다.

146편은 사람을 의지하지 않고 '여호와 자기 하나님에게 자기의 소망을 두는 자는 복이 있도다'(시 146:5)라고 말합니다. 왜냐하면 하나님은 이스라엘의 왕으로서 백성들을 보호하시고 그들에게 복을 주시기 때문입니다. 세상의 복을 좇는 자가 아니라 하나님의 복을 구하는 하나님 나라 백성의 삶은 하나님을 의지하고 순종하는 모습으로 나타납니다.

시편 146편에 나타난 하나님 나라는 천지를 창조하신 하나님이 이 땅에서 가장 연약한 자들을 돌보시는 모습을 보여주기 때문에 중요합니다. 7절에서 하나님은 억눌린 자를 위해 공의의 심판을 행하시며, 주린 자에게 먹을 것을, 갇힌 자에게 자유를 주십니다. 8절에서 하나님은 맹인의 눈이 보이게 하시고, 비굴한 자를 일으키시고, 의인들을 사랑하십니다. 9절에서는 당시 사회에서 가장 소외되고 연약한 자인 고아와 과부와 나그네를 돌보시는 하나님, 그리고 악인은 심판하시는 하나님을 나타냅니다. 시편 146편은 하나님이 그의 백성들을 어떻게 돌보시는지 잘 보여주고 있습니다. 이 말씀처럼 예수님은 이 땅에서 연약한 병자들을 고치시고 귀신들을 내쫓으시며 가난한 심령에게 복음을 선포하셨습니다. 예수님은 세례 요한마저 자신이 그리스도임을 의심하는 상황에서 이렇게 증거 하셨습니다.

(마태복음 11:4-5) 너희가 가서 듣고 보는 것을 요한에게 알리되 맹인이 보며 못 걷는 사람이 걸으며 나병환자가 깨끗함을 받으며 못 듣는 자가 들으며 죽은 자가 살아나며 가난한 자에게 복음이 전파된다 하라.

시편 146편에서 언급한 하나님의 돌보심을 받는 자들의 모습은 마태복음 11장 4~5절에서 그대로 나타납니다. 시편에 나타난 하나님의 나라는 예수님에 의해 성취되었습니다.

3. 신약 복음서에 나타난 하나님 나라

하나님 나라는 관계입니다. 하나님 나라는 의의 나라입니다. 그 나라는 사람이 예수님을 자신의 삶의 주인으로 모시는 곳에 존재합니다. 하나님 나라는 예수님과 함께 임합니다. 하나님의 아들이 육신을 입고 왔기 때문에 예수님이 곧 하나님 나라입니다. 그리스도인을 다스리시는 예수님의 통치는 인격적이고 직접적이며 절대적입니다. 우리가 할 일은 오직 순종뿐입니다. 물질이라는 세상 나라의 신은 하나님 나라를 대적합니다. 성도들의 마음을 훔치려는 세력 앞에서 예수님은 단호하게 말씀하십니다.

(누가복음 12:22-34) ²² 또 제자들에게 이르시되 그러므로 내가 너희에게 이르노니 너희 목숨을 위하여 무엇을 먹을까 몸을 위하여 무엇을 입을까 염려하지 말라 ²³ 목숨이 음식보다 중하고 몸이 의복보다 중하니라 ²⁴ 까마귀를 생각하라 심지도 아니하고 거두지도 아니하며 골방도 없고 창고도 없으되 하나님이 기르시나니 너희는 새보다 얼마나 더 귀하냐 ²⁵ 또 너희 중에 누가 염려함으로 그 키를 한 자라도 더할 수 있느냐 ²⁶ 그런즉 가장 작은 일도 하지 못하면서 어찌 다른 일들을 염려하느냐 ²⁷ 백합화를 생각하여 보라 실도 만들지 않고 짜지도 아니하느니라 그러나 내가 너희에게 말하노니 솔로몬의 모든 영광으로도 입은 것이 이 꽃 하나만큼 훌륭하지 못하였느니라 ²⁸ 오늘 있다가 내일 아궁이에 던져지는 들풀도 하나님이 이렇게 입히시거든 하물며 너희일까보냐 믿음이 작은 자들아 ²⁹ 너희는 무엇을 먹을까 무엇을 마실까 하여 구하지 말며 근심하지도 말라 ³⁰ 이 모든 것은 세상 백성들이 구

하는 것이라 너희 아버지께서는 이런 것이 너희에게 있어야 할 것을 아시느니라 ³¹ 다만 너희는 그의 나라를 구하라 그리하면 이런 것들을 너희에게 더하시리라 ³² 적은 무리여 무서워 말라 너희 아버지께서 그 나라를 너희에게 주시기를 기뻐하시느니라 ³³ 너희 소유를 팔아 구제하여 낡아지지 아니하는 배낭을 만들라 곧 하늘에 둔 바 다함이 없는 보물이니 거기는 도둑도 가까이 하는 일이 없고 좀도 먹는 일이 없느니라 ³⁴ 너희 보물 있는 곳에는 너희 마음도 있으리라.

1 본문에서 나타나는 제자들의 가장 큰 근심과 염려는 무엇인가요? 하나님은 염려하는 자를 위해 무엇을 예로 들어 설명하고 있나요? 이런 관점에서 하나님 나라는 어떤 나라인가요?

2 예수님이 먼저 구하라고 한 것이 무엇인가요? 왜 그것을 구해야 하나요?

3 하나님 나라를 구하는 자의 물질에 대한 동기와 태도, 그리고 행위는 어떠해야 한다고 말씀하시나요?

구약에서 예언한 하나님 나라는 예수님의 오심으로 이미 이 땅에 임했습니다. 그러나 세상은 왜 아직도 악이 가득하고 고난이 있으며, 사탄이 사람들에게 여전히 강한 영향력을 끼치고 있을까요? 그것은 완전한 하나님 나라가 아직 이루어지지 않았기 때문입니다. 이 땅에 하나님 나라가 완전한 모습으로 이루어지는 것은 미래에 있을 일입니다. 긴장이 존재하는 이유가 여기에 있습니다. 하나님 나라가 '이미' 임한 것은 메시아가 세상에 오셨다는 사실에 초점을 맞추고 있습니다. 하나님 나라의 절정이 '아직' 임하지 않은 것은 여전히 불순종하는 백성이 있다는 것과 모든 높아진 것이 하나님께 아직 굴복하지 않았다는 사실에 있습니다. 현재 세상에는 하나님의 통치권을 인정하지 않고 하나님과 상관없이 살고 있는 사람들이 여전히 많을 뿐 아니라, 하나님의 백성들 가운데서도 세상의 염려와 물질의 탐욕에 빠져 불순종하는 사람들이 많습니다.

오늘 본문에서는 예수님이 제자들에게 세상의 신 맘몬(물질)에 마음을 빼앗기지 말고 하나님의 통치를 받는 그의 나라를 먼저 구하라고 요청합니다. 우리는 세상에 살면서 늘 부족하기 때문에 염려합니다. 오늘은 무엇을 먹어야 할까, 내일은 무엇을 입어야 할까? 이런 고민은 당연한 것처럼 보입니다. 그러나 예수님은 하나님이 미물인 새도 먹이고 들풀도 입히실 정도로 당신의 창조세계를 돌보시고 다스린다고 말씀하십니다. 하물며 하나님의 택한 백성인 우리들은 어떻게 하시겠느냐고 반문하십니다. 우리들에게 필요한 것을 하나님 아버지가 이미 다 알고 계시는 데 왜 주시지 않겠습니까? 우리가 세상 사람처럼 필요한 것이 부족하다고 해서 그것을 최우선 순위로 두고 불안해한다면 하나님을 불신하는 것이 됩니다. 하나님은 그의 나라를 우리에게 주시기 기뻐하신다고 말씀하십니다. 우리는 가장 풍요롭고 부족함 없이 그 나라를 상속할 자들입니다.

본문은 하나님의 통치를 받는 하나님의 자녀들이 물질과 관련해 어떤 삶을 살아야 하는지 잘 표현해 줍니다. 물질이 부족하여 염려하는 사람뿐만 아니라 물질이 많아 쌓아둔 사람도 책망하십니다. 보물이 있는 곳에 우리 마음도 있다고 주님은 말씀하십니다. 우리의 보물은 물질입니까? 하나님 나라입니까? 하늘과 땅, 물질과 하나님 나라 중 어느 것에 궁극적 관심을 두는지에 따라 삶의 가치가 결정됩니다. 하나님과 재물을 겸하여 섬기는 미적지근하고 이중적인 자세는 용납되지 않습니다. 성도는 둘 중 하나를 선택해야 합니다.

하나님의 나라가 임하기를 기도할 때, 왕이신 하나님이 지금 우리를 다스리시고 그의 주권을 행하시기를 기도해야 합니다. 아울러 예수 그리스도의 재림 때 하나님의 통치가 온전하고 충만하게 실현되기를 바라야 합니다. 그러므로 두 번째 기도는 예수님이 처음 세상에 오셨을 때 시작된 하나님의 다스리심이 그가 재림하실 때 충만하게 드러나기를 소망하는 기도입니다. '이미'와 '아직' 사이의 하나님 나라에 사는 우리들은 하나님이 모든 것을 공급해 주실 것을 믿고 살며, 그 나라가 완전히 임하기를 기도해야 합니다.

묵상과 질문

1. 하나님 나라가 이 땅에 임하기를 왜 간절히 기도해야 하나요? 나의 마음은 하나님에 대한 소망으로 가득 차 있나요?

2. 세상의 복과 하나님의 복은 차이가 있습니다. 우리는 복을 받은 사람들입니다. 시편과 주님의 말씀에서 나타나는 복은 어떤 복을 말씀하시나요? 세상의 복과 다른 점을 나누어 보세요.

3. 염려의 반대는 감사입니다. 하나님 나라의 통치를 받는 여러분의 삶의 환경을 돌아보며 감사할 조건들을 나누어 보세요. 무엇 때문에 우리는 감사하게 될까요?

6과

뜻이 하늘에서 이루어진 것 같이 땅에서도 이루어지이다

예수님은 제자들에게 하나님의 뜻이 하늘에서 이루어진 것 같이 땅에서도 이루어지게 간구하라고 가르치십니다. 이 기도를 가르치신 예수님은 하나님께 죽기까지 순종하셨습니다. 하나님 아버지의 뜻을 알아 자기 목숨을 십자가에 내어 주신 예수님은 우리에게 가장 좋은 모범이십니다. 우리는 우리의 뜻과 계획을 위해 기도합니다. 우리의 뜻은 때때로 상대적입니다. 그러나 세상을 창조하시고 우리를 구원하신 하나님의 뜻은 절대적입니다. 따라서 우리 기도는 항상 하나님 뜻을 구하는, 하나님 중심적인 기도여야 합니다.

하나님의 뜻과 우리 뜻이 상충될 때에 우리는 과연 누구의 뜻을 따르고 있나요?

1. 뜻이 하늘에서 이룬 것 같이 땅에서도 이루어지이다

하나님의 뜻은 이루어져야 합니다. 왕의 권위는 그의 뜻이 실현되는 것으로 입증됩니다. 그러므로 하나님 나라가 이 땅 위에 임하기 위해서는 하나님의 뜻이 이루어져야 합니다. 주기도문의 세 번째 간구인 '뜻이 하늘에서 이루어진 것 같이 땅에서 이루어지이다'는 '당신의 나라가 임하게 하소서'라는 기도와 같은 의미입니다. 이 세 번째 간구는 하나님을 향한 마지막 청원입니다. 십자가를 통해 우리를 구속하시고 하나님의 가족으로 입양한 그 거룩하심을 선포한 첫 번째 간구에 이어 두 번째와 세 번째 간구는 그분의 뜻을 이루시는 하나님의 위대하심과 권능을 선포합니다.

(마태복음 6:9-13) [9] 그러므로 너희는 이렇게 기도하라 하늘에 계신 우리 아버지여 이름이 거룩히 여김을 받으시오며 [10] 나라가 임하시오며 뜻이 하늘에서 이루어진 것 같이 땅에서도 이루어지이다 [11] 오늘 우리에게 일용할 양식을 주시옵고 [12] 우리가 우리에게 죄 지은 자를 사하여 준 것 같이 우리 죄를 사하여 주시옵고 [13] 우리를 시험에 들게 하지 마시옵고 다만 악에서 구하시옵소서 (나라와 권세와 영광이 아버지께 영원히 있사옵나이다 아멘).

> **1** 세 번째 간구 "아버지의 뜻이 하늘에서 이루어진 것 같이 땅에서도 이루어지게 하옵소서" 입니다. 이 간구가 이루어지려면 무엇부터 전제되어야 할까요? 그 이유는 무엇일까요?

2 우리에게 하나님의 뜻을 따르지 않고 내 뜻을 따라 억지를 부리며 기도하는 모습은 없었나요? 무엇이 하나님의 뜻을 방해하고 거스르게 하나요?

3 우리는 주위에서 금식 기도하는 것을 귀하게 봅니다. 하지만 금식에서 가장 중요한 것은 기도의 동기와 자세입니다. 금식의 정신은 아랑곳하지 않고 그저 내 뜻을 관철하기 위해 어린 아이가 떼 쓰듯 기도하지는 않는지 살펴보아야 합니다. 여러분은 금식기도가 하나님의 뜻을 이루는 일에 쓰임 받을 수 있다고 믿으십니까?

(이사야 58:3-7) ³ 우리가 금식하되 어찌하여 주께서 보지 아니하시오며 우리가 마음을 괴롭게 하되 어찌하여 주께서 알아 주지 아니하시나이까 보라 너희가 금식하는 날에 오락을 구하며 온갖 일을 시키는도다 ⁴ 보라 너희가 금식하면서 논쟁하며 다투며 악한 주먹으로 치는도다 너희가 오늘 금식하는 것은 너희의 목소리를 상달하게 하려는 것이 아니니라 ⁵ 이것이 어찌 내가 기뻐하는 금식이 되겠으며 이것이 어찌 사람이 자기의 마음을 괴롭게 하는 날이 되겠느냐 그의 머리를 갈대 같이 숙이고 굵은 베와 재를 펴는 것을 어찌 금식이라 하겠으며 여호와께 열납될 날이라 하겠느냐 ⁶ 내가 기뻐하는 금식은 흉악의 결박을 풀어 주며 멍에의 줄을 끌러 주며 압제 당하는 자를 자유하게 하며 모든 멍에를 꺾는 것이 아니겠느냐 ⁷ 또 주린 자에게 네 양식을 나누어 주며 유리하는 빈민을 집에 들이며 헐벗은 자를 보면 입히며 또 네 골육을 피하여 스스로 숨지 아니하는 것이 아니겠느냐

하나님은 아버지이시자 왕이시기에 하나님의 뜻이 이루어지기를 구하는 것은 하나님의 통치가 이루어지기를 간구하는 것과 같습니다. 그러므로 "뜻이 이루어지이다"는 하나님의 왕적 권위가 방해 받지 않고 그분의 계획과 뜻이 이루어지기를 구하는 기도입니다. 하나님의 뜻은 반드시 이루어집니다. "내가 시초부터 종말을 알리며 아직 이루지 아니한 일을 옛적부터 보이고 이르기를 나의 뜻이 설 것이니 내가 나의 모든 기뻐하는 것을 이루리라 하였노라"(사 46:10).

이와 같이 하나님의 뜻을 구하는 기도를 드리는 것에는 하나님이 갖고 계신 왕의 권위가 아직 충분히 세상에 드러나지 않았다는 전제가 있습니다. 하나님을 아버지로 부르는 자녀들에게는 절박한 문제입니다. 하나님의 뜻을 무시하고 저버리는 사람들로 인해 아버지의 권위가 무시당하고 있기 때문입니다. 그러므로 자녀들은 아버지의 뜻이 성취되도록 기도해야 합니다.

이 세 번째 간구의 또 다른 전제는 우리에게 하나님의 뜻보다 우리 뜻대로 기도하려는 성향이 있다는 점입니다. 첫째 아담은 자기 뜻을 이루려고 하나님의 말씀을 무시했습니다. 그 결과는 죄와 사망이었습니다. 반면 둘째 아담이신 예수님은 자신이 원하는 것을 포기하고 아버지의 뜻에 순종함으로써 하나님의 구원 계획을 이루셨습니다.

간혹 우리는 하나님의 뜻을 알고 하나님의 사역을 섬기기 위해 자기 욕망을 죽이는 행위, 즉 자신을 포기하는 금식을 하며 기도하기도 합니다. 그러나 종종 하나님 앞에서 내 의견과 뜻을 관철하기 위해 하나님께 강하게 요구하는 기도로 변질 되는 모습을 목격합니다. 이런 기도는 그 정신이 하나님 중심이 아닌 것입니다. "우리가 금식하되 어찌하여 주께서 보지 아니하시오며 우리가 마음을 괴롭게 하되 어찌하여 주께서 알아주지 아니하시나이까"(사 58:3)라고 항변하는 이스라엘 백성들을 향해 하나님은 이사야 선지자를 통해 말씀하십니다.

(사 58:6-7) ⁶ 내가 기뻐하는 금식은 흉악의 결박을 풀어 주며 멍에의 줄을 끌러 주며 압제 당하는 자를 자유하게 하며 모든 멍에를 꺾는 것이 아니겠느냐? ⁷ 또 주린 자에게 네 양식을 나누어 주며 유리하는 빈민을 집에 들이며 헐벗은 자를 보면 입히며 또 네 골육을 피하여 스스로 숨지 아니하는 것이 아니겠느냐?

하나님은 하나님의 뜻을 행하지 않고 금식을 자랑하며 자기의 뜻을 이루고자 강한 소원을 가지고 기도하는 것을 거부하십니다. 오히려 하나님은 우리가 하나님 나라의 삶을 살기를 원하십니다. 그런 백성이 왕이신 하나님의 뜻을 알고 기도하게 됩니다.

2. 아버지의 원대로 되기를 원하나이다

주기도문의 세 번째 간구의 모범은 당연히 예수님의 겟세마네 기도입니다. 십자가에 달려 죽으시기 전 예수님은 하나님께 나아가 기도하십니다. 예수님은 마음이 괴로우셨지만, 자신이 하나님의 구원 역사의 뜻을 행하기 위해 왔음을 받아들이셨습니다. 그리고 자기 앞에 놓인 십자가를 지며 하나님의 뜻에 순종하셨습니다.

(마태복음 26:36-46) ³⁶ 이에 예수께서 제자들과 함께 겟세마네라 하는 곳에 이르러 제자들에게 이르시되 내가 저기 가서 기도할 동안에 너희는 여기 앉아 있으라 하시고 ³⁷ 베드로와 세베대의 두 아들을 데리고 가실새 고민하고 슬퍼하사 ³⁸ 이에 말씀하시되 내 마음이 매우 고민하여 죽게 되었으니 너희는 여기 머물러 나와 함께 깨어 있으라 하시고 ⁹ 조금 나아가사 얼굴을 땅에 대시고 엎드려 기도하여 이르시되 내 아버지여 만일 할 만 하시거든 이 잔을 내게서 지나가게 하옵소서 그러나 나의 원대로 마시옵고 아버지의 원대로 하옵소서 하시고 ⁴⁰ 제자들에게 오사 그 자는 것을 보시고 베드로에게 말씀하시되 너희가 나와 함께 한 시간도 이렇게 깨어 있을 수 없더냐 ⁴¹ 시험에 들지 않게 깨어 기도하라 마음에는 원이로되 육신이 약하도다 하시고 ⁴² 다시 두 번째 나아가 기도하여 이르시되 내 아버지여 만일 내가 마시지 않고는 이 잔이 내게서 지나갈 수 없거든 아버지의 원대로 되기를 원하나이다 하시고 ⁴³ 다시 오사 보신즉 그들이 자니 이는 그들의 눈이 피곤함일러라 ⁴⁴ 또 그들을 두시고 나아가 세 번째 같은 말씀으로 기도하신 후 ⁴⁵ 이에 제자들에게 오사 이르시되 이제는 자고 쉬라 보라 때가 가까이 왔으니 인자가 죄인의 손에 팔리느니라 ⁴⁶ 일어나라 함께 가자 보라 나를 파는 자가 가까이 왔느니라.

1 예수님은 하나님의 뜻을 구하는 겟세마네 기도에 세 제자인 베드로, 야고보와 요한을 데리고 가셨습니다. 세 제자는 왜 데리고 갔을까요? 여러분이 그 자리에 있었다면 무엇을 배웠을까요?

2 예수님은 "내 아버지여 만일 할 만 하시거든 이 잔을 내게서 지나가게 하옵소서. 그러나 나의 원대로 마시옵고 아버지의 원대로 하옵소서." 라고 기도하십니다. 이 기도를 통해 주님의 마음을 헤아려 봅시다. 우리가 배워야 할 기도의 자세와 내용은 무엇인가요?

3 예수님이 왜 세 번 기도하셨을까요? 기도하신 후에 예수님의 모습에서 우리가 배울 수 있는 것은 무엇일까요? 제자들과 예수님의 대조되는 모습에서 우리가 깨닫게 되는 것은 무엇인가요?

겟세마네에서 예수님의 괴로움은 이루 말할 수가 없을 정도였습니다. 예수님은 "아버지여 만일 아버지의 뜻이거든 이 잔을 내게서 옮기시옵소서. 그러나 내 원대로 마시옵고 아버지의 원대로 되기를 원하나이다"(눅 22:42)라고 기도하셨습니다. 그가 얼마나 힘들게 기도하셨는지 천사가 하늘로부터 나타나 예수님께 힘을 더해야 했을 정도입니다(눅 22:43). 그의 괴로움은 그에게서 나오는 땀을 설명하는 데에서 극에 달했습니다. "예수께서 힘쓰고 애써 더욱 간절히 기도하시니 땀이 땅에 떨어지는 핏방울 같이 되더라"(눅 22:44). 예수님은 완전한 한 사람으로서 하나님께 기도했습니다. 진노의 잔을 마시는 것과 같은 죽음을 앞에 두고 예수님은 인간적으로는 하나님의 뜻보다는 자신의 뜻을 관철시키고 싶으셨겠지만, 결국 자신의 뜻이 아니라 하나님의 뜻을 행하기 위해 하나님께 순종하셨습니다. 주기도문을 가르치신 예수님은 그 기도문대로 기도하고 순종하심으로 우리의 모범이 되셨습니다.

사실 예수님은 특별히 택한 세 제자 베드로, 요한, 야고보와 함께 동행하시며 함께 기도하기 원하셨습니다. 이미 그들은 예수님이 부활한 모습을 변화산에서도 목격했습니다. 그리고 겟세마네에서 예수님의 '고민과 슬픔'을 목격하게 됩니다. 실로 그들은 예수님의 영광과 고난의 증인으로 오늘날까지 우리에게 예수님의 마지막 행적을 전해 주는 증인으로 부름받았습니다. 예수께서는 비록 제자들이 자신의 고난에 본질적으로 참여할 수는 없다 할지라도 인간적인 연민(憐憫)과 격려로써 제자들이 옆에 있어주길 원하셨습니다. 그러나 제자들은 주님의 열망을 깨닫지 못하고 그 기대에 부응하지 못했습니다. 깨어있지 못함으로 결국 다가오는 고난의 현장에서 도망치는 부끄러운 모습을 보여 줍니다.

3. 아버지의 뜻대로 행하는 자라야 천국에 들어가리라

예수님은 마태복음 산상수훈(마 5-7장)의 결론에서 집을 건축하는 두 사람의 비유를 말씀하십니다. 지혜로움과 어리석음의 기준은 예수님의 말씀을 듣고 순종하는지 여부였습니다. 비가 내리고 창수가 나고 바람이 불어도 무너지지 않는 이유는 주초를 반석 위에 두었기 때문입니다. 반면에 무너지는 사람은 모래 위에 집을 지었기 때문입니다. 말씀을 듣기만 해서는 안됩니다. 바로 행해야 합니다. 말씀을 듣고서도 환난으로 인해 넘어지거나 세상의 염려와 물질의 유혹에 말씀이 막혀 말씀을 행하지 않는 자들은 천국에 들어갈 수 없습니다. 오직 좋은 땅에 뿌려진 씨처럼 말씀을 듣고 깨달아 결실함으로 백 배, 육십 배, 삼십 배가 되어야 합니다.

(마태복음 7:15-23) ¹⁵ 거짓 선지자들을 삼가라 양의 옷을 입고 너희에게 나아오나 속에는 노략질하는 이리라 ¹⁶ 그들의 열매로 그들을 알지니 가시나무에서 포도를, 또는 엉겅퀴에서 무화과를 따겠느냐 ¹⁷ 이와 같이 좋은 나무마다 아름다운 열매를 맺고 못된 나무가 나쁜 열매를 맺나니 ¹⁸ 좋은 나무가 나쁜 열매를 맺을 수 없고 못된 나무가 아름다운 열매를 맺을 수 없느니라 ¹⁹ 아름다운 열매를 맺지 아니하는 나무마다 찍혀 불에 던져지느니라 ²⁰ 이러므로 그들의 열매로 그들을 알리라 ²¹ 나더러 주여 주여 하는 자마다 다 천국에 들어갈 것이 아니요 다만 하늘에 계신 내 아버지의 뜻대로 행하는 자라야 들어가리라 ²² 그 날에 많은 사람이 나더러 이르되 주여 주여 우리가 주의 이름으로 선지자 노릇 하며 주의 이름으로 귀신을 쫓아 내며 주의 이름으로 많은 권능을 행하지 아니하였나이까 하리니 ²³ 그 때에 내가 그들에게 밝히 말하되 내가 너희를 도무지 알지 못하니 불법을 행하는 자들아 내게서 떠나가라 하리라.

1 우리는 이 본문을 두 부분으로 나눌 수 있습니다. 두 문단의 관계를 구분하고 설명해 보세요.

2 왜 예수님은 마지막 때에 예수님 앞에서 선지자 노릇하고, 주의 이름으로 귀신을 쫓아내며, 주의 이름으로 많은 권능을 행사한 사람들은 천국에 들어가지 못한다고 말씀하셨을까요?

3 우리가 입으로는 주여 주여 부르면서 실제는 하늘에 계신 아버지의 뜻대로 행하지 않는 사람들의 모습을 주위에서 목격합니다. 이들의 삶의 특징은 무엇인가요? 거짓 신자와 참 신자의 구별은 어떻게 이루어질까요?

구약성경을 보면 이스라엘의 멸망 시기에 거짓 선지자들이 많이 활동하는 것을 알게 됩니다. 우리 주님은 마지막 때가 되면 거짓 선지자가 일어나 사람들을 미혹할 것이라고 말씀하십니다. 거짓 선지자가 등장하면 온전한 복음이 선포되지 못해서 불법이 성행하게 되고, 그 결과 많은 사람들의 사랑이 식어질 것입니다(마 24:11-12). 산상수훈에서도 거짓 선지자들을 조심하라고 명령하십니다. 그들은 양의 옷을 입으나 속에는 노략질 하는 늑대와 같다고 말씀하십니다. 주님은 삶의 열매로 그들을 알게 될 것이라고 경고하십니다. 우리는 주위에서 이런 거짓 선지자들을 많이 봅니다. 종교적 열심은 있으나 자기밖에 모르고, 주님의 영광보다는 자기 칭찬에 더 앞장서는 바리새인처럼 사는 사람들이 있습니다.

예수님은 자기더러 '주여 주여 하는 자마다 천국에 들어갈 것이 아니라'고 했습니다. 천국은 '오직 하늘에 계신 아버지의 뜻대로 살아가는 자' 만이 들어갑니다. 어떤 사람들은 자기가 주님의 선지자로 예언도 했고, 주의 이름으로 귀신도 내쫓았으며, 주의 이름으로 많은 권능을 행하여 이적을 나타냈다고 주장합니다. 이런 직분과 사역은 그들이 충분히 주님을 알고 있고 하나님의 뜻을 행하고 있다고 착각하게 만들 것입니다. 그러나 주님은 마지막 날에 밝히 말씀하시겠다고 하십니다. "내가 너희를 도무지 알지 못하노니 불법을 행하는 자들아 내게서 떠나가라"(마 7:23). 그들은 불법을 행하는 자들입니다. 하나님 나라의 능력은 체험했을지라도 전혀 하나님 나라 백성이 아닌 것입니다. 이런 거짓 선지자와 거짓 성도는 하나님의 뜻보다 자기 뜻을 따라 행하기 때문에 성령의 열매를 맺지 못합니다.

주님은 '누구든지 하늘에 계신 내 아버지의 뜻대로 하는 자가 내 형제요 자매요 모친이니라'라고 말씀하셨습니다(마 12:50). 하나님의 뜻을 행하는 사람만이 하나님을 '우리 아버지'라고 부를 수 있습니다. 하나님의 참 성도는 하나님을 대적하고 거스르는 이 세상에 살면서 이 세대를 본받아서는 안됩니다. 오직 '하나님의 선하시고 기뻐하시고 온전하신 뜻이 무엇인지 분별'(롬 12:2)하기 위해 마음을 새롭게 변화시켜야 합니다.

하나님의 뜻이 이루어지는 문제는 하나님의 자녀들의 자발적인 순종과 관련이 있음을 알아야 합니다. 성령님은 하늘에 계신 우리 아버지 뜻대로 행하기 원하는 우리를 도우십니다. 따라서 주기도문의 세 번째 간구는 하나님의 뜻만이 아니라 하나님의 뜻을 행할 능력을 구하는 기도이기도 합니다.

묵상과 질문

1. 하나님의 뜻이 왜 하늘에서 이루어진 것과 같이 이 땅에서도 이루어져야 할까요? 하나님 나라의 관점에서 설명해 보세요.

2. 주님의 겟세마네 기도를 보면서 가장 깊이 깨달은 점과 실천해야 할 점은 무엇인가요?

3. 내가 참 성도인 것을 증명할 수 있나요? 아버지를 사랑하는 자녀로서 어떻게 하나님의 뜻을 지속적으로 행하며 살아갈 수 있나요?

7과

오늘 우리에게 일용할 양식을 주옵시고

주기도문에서 처음 세 간구는 하늘에 계신 하나님께 간구하는 것이며, 나머지 세 간구는 땅에 있는 우리를 위해 간구하는 것입니다. 주기도문은 하나님의 이름과 나라와 뜻을 먼저 구한 뒤에 우리의 일용할 양식을 구합니다. 기도가 갑자기 바뀌는 건 아닌지, 지나치게 물질적이고 현실적인 기도는 아닌지 생각이 들기도 합니다. 그러나 그렇지 않습니다. 처음 세 간구를 올려 드리면서 하나님 백성답게 그 분의 나라를 구한 자녀는 여전히 그들의 삶의 모든 것을 하늘에 계신 하나님 아버지께 의지합니다. 하나님께 헌신하고 살며 그를 의지하는 사람에게 하나님은 필요한 것을 공급하십니다.

우리는 매 순간 창조주이신 하나님 아버지께 의존할 수밖에 없습니다. 주님은 하나님의 나라가 어린 아이와 같은 자의 것이라고 말씀하셨습니다(마 19:14). 어린 아이는 아버지에게 전적으로 의존합니다. 부모님이 준비해주신 음식을 먹으며 성장합니다. 이와 같은 원리가 네 번째 간구에도 포함되어 있습니다. 아버지는 자녀에게 양식을 주십니다. 자녀는 그런 아버지를 의지하고 늘 기뻐하며 즐거워 합니다.

1. 오늘 우리에게 일용할 양식을 주시옵고

인간은 영적인 동시에 육체적인 존재입니다. 우리는 영적 양식인 말씀을 깨닫고 순종하면서 영적으로 성숙해집니다. 뿐만 아니라 인간은 육체적 존재로 생물학적인 몸을 유지하기 위해 양식이 필요합니다. 아담의 실존을 가진 인간은 늘 결핍에 시달립니다. 그래서 세상 사람들은 물질주의에 빠져 돈을 우상으로 섬기고, 타인을 착취하며 자기 배만 채우려 합니다. 믿는 성도들도 부족하기는 마찬가지입니다. 그러나 하나님은 그의 자녀들의 형편을 아시고 공급해 주시며 기뻐하십니다. 네 번째 간구는 이러한 필요를 위한 기도입니다.

(마태복음 6:9-13) [9] 그러므로 너희는 이렇게 기도하라 하늘에 계신 우리 아버지여 이름이 거룩히 여김을 받으시오며 [10] 나라가 임하시오며 뜻이 하늘에서 이루어진 것 같이 땅에서도 이루어지이다 [11] 오늘 우리에게 일용할 양식을 주시옵고 [12] 우리가 우리에게 죄 지은 자를 사하여 준 것 같이 우리 죄를 사하여 주시옵고 [13] 우리를 시험에 들게 하지 마시옵고 다만 악에서 구하시옵소서 (나라와 권세와 영광이 아버지께 영원히 있사옵나이다 아멘).

> **1** 왜 우리는 일용할 양식을 하나님께 간구해야 하나요? 부족할 때 일용할 양식을 구하는 것은 당연하지만, 풍족할 때도 기도해야 하나요? 여러분의 생각은 어떠한가요?

(잠언 30:8-9) ⁸ 나를 가난하게도 마옵시고 부하게도 마옵시고 오직 필요한 양식으로 나를 먹이시옵소서 ⁹ 혹 내가 배불러서 하나님을 모른다 여호와가 누구냐 할까 하오며 혹 내가 가난하여 도둑질하고 내 하나님의 이름을 욕되게 할까 두려워함이니이다.

2 '오늘 우리에게 일용할 양식'은 무엇을 뜻하나요? 개인적인 생각을 나누어 보세요.

3 하루를 살아가는 데 필요한 것은 무엇인가요? 꼭 먹을 양식만 필요하나요? 다른 어떤 것이 더 절실하게 필요할 때도 있습니다. 경험한 바를 나누어 보세요.

주님이 가르쳐주신 네 번째 간구는 매사에 필요한 모든 것에 철저히 하나님 아버지를 의지하라는 내용입니다. 우리는 매일매일 필요한 양식과 필수품을 구하면서 때로는 하나님의 자녀라는 귀한 신분을 잊고 삽니다. 마태복음 6장 25-34절은 일용할 양식을 구하면서 하나님을 믿고 의지하는 내용을 주목하여 설명한 부분입니다. 하나님은 양식을 위해 일하지 않는 하늘의 새를 먹이시고, 입을 것을 위해 수고하지 않는 땅의 백합화를 입히십니다. 예수님은 제자들에게 '너희는 이것들 보다 귀하지 아니하냐'(6:26), '하물며 너희일까 보냐'(6:30)라고 우리의 자녀 된 신분을 강조하십니다. 자녀인 우리에게 아버지이신 하나님이 왜 주시지 않겠습니까?

그러므로 네 번째 간구는 하나님의 자녀가 그들의 상황에 맞게 인도하시고 다스리시는 하나님을 전적으로 신뢰하고 의지해야 하는 내용을 담고 있습니다. 이 땅에서 아담이 겪은 결핍을 똑같이 갖고 있는 우리가 불확실하고 불안한 미래 속에서 삶의 여러 가지 문제가 생길 때 아버지를 신뢰하는 것을 보여주는 기도입니다. 하나님 나라 백성으로서의 신앙고백이 담긴 기도입니다. 그렇기 때문에 당연히 우선순위로 드려야 할 간구입니다.

우리는 항상 이 기도를 드려야 합니다. 어떤 경우에는 물질과 양식이 풍족해서 기도를 드릴 필요가 없어 보일 때도 있습니다. 그때도 기도해야 할까요? 당연합니다. 항상 기도해야 합니다. 현재 풍족한 내 삶은 특별한 뜻 가운데 공급해 주신 하나님의 은혜이기 때문입니다. 풍족할 때는 하나님께 감사하며 부족한 형제들과 세상 사람들에게 나누어야 합니다. 그렇게 하여 성도들의 삶을 평균케 하시는 하나님의 뜻을 분별하게 됩니다. 네 번째 간구가 이 땅에 하나님 나라가 이루어지길 염원하는 그의 자녀들이 필요한 것을 간구하는 기도라면, '양식'은 하나님이 주시지 않으면 받을 수 없는 모든 것을 말합니다. 하나님은 진정한 공급자이십니다. 그분은 오히려 우리를 초청하십니다. 우리의 필요를 아시고 '너희는 와서 사 먹되 돈 없이, 값없이 와서 포도주와 젖을 사라'(사 55:1)고 하십니다. 그러면 양식만 필요할까요? 육체적 필요 뿐 아니라 영적 필요는 없을까요? 야고보는 '온갖 좋은 은사와 온전한 선물이 다 위로부터 빛들의 아버지께로부터 내려오나니'(약 1:17)라고 가르칩니다.

2. 일용할 것을 날마다 거둘 것이라

하나님의 자녀가 하루하루 살아가는데 필요한 양식을 얻기 위해 하나님을 바라보는 것은 구약에서 찾을 수 있습니다. 하나님은 이스라엘 백성들에게 일용한 양식으로 만나와 메추라기를 내려주셨습니다. 출애굽한 이스라엘 백성들에게 절실히 필요한 것은 양식과 물이었습니다. 텅빈 광야 한복판에서 원망이 나오는 것은 인간의 본성입니다. 마라에서 마실 물이 없어 원망하던 이스라엘을 엘림으로 인도하신 하나님은 먹을 것 때문에 불평과 원망을 일삼은 이스라엘 백성들에게 양식을 주십니다. 매일 아침 주시고 여섯째 날에는 안식일을 위해 이틀 분 양식을 주셨습니다. 저녁에는 메추라기를 주셨습니다. 바로 섬세하신 하나님의 공급이었습니다.

(출애굽기 16:2-5) ² 이스라엘 자손 온 회중이 그 광야에서 모세와 아론을 원망하여 ³ 이스라엘 자손이 그들에게 이르되 우리가 애굽 땅에서 고기 가마 곁에 앉아 있던 때와 떡을 배불리 먹던 때에 여호와의 손에 죽었더라면 좋았을 것을 너희가 이 광야로 우리를 인도해 내어 이 온 회중이 주려 죽게 하는도다 ⁴ 그 때에 여호와께서 모세에게 이르시되 보라 내가 너희를 위하여 하늘에서 양식을 비 같이 내리리니 백성이 나가서 일용할 것을 날마다 거둘 것이라 이같이 하여 그들이 내 율법을 준행하나 아니하나 내가 시험하리라 ⁵ 여섯째 날에는 그들이 그 거둔 것을 준비할지니 날마다 거두던 것의 갑절이 되리라.

(출애굽기 16:13-35) ¹³ 저녁에는 메추라기가 와서 진에 덮이고 아침에는 이슬이 진 주위에 있더니 ¹⁴ 그 이슬이 마른 후에 광야 지면에 작고 둥글며 서리 같이 가는 것이 있는지라 ¹⁵ 이스라엘 자손이 보

고 그것이 무엇인지 알지 못하여 서로 이르되 이것이 무엇이냐 하니 모세가 그들에게 이르되 이는 여호와께서 너희에게 주어 먹게 하신 양식이라 16 여호와께서 이같이 명령하시기를 너희 각 사람은 먹을 만큼만 이것을 거둘지니 곧 너희 사람 수효대로 한 사람에 한 오멜씩 거두되 각 사람이 그의 장막에 있는 자들을 위하여 거둘지니라 하셨느니라 17 이스라엘 자손이 그같이 하였더니 그 거둔 것이 많기도 하고 적기도 하나 18 오멜로 되어 본즉 많이 거둔 자도 남음이 없고 적게 거둔 자도 부족함이 없이 각 사람은 먹을 만큼만 거두었더라 19 모세가 그들에게 이르기를 아무든지 아침까지 그것을 남겨두지 말라 하였으나 20 그들이 모세에게 순종하지 아니하고 더러는 아침까지 두었더니 벌레가 생기고 냄새가 난지라 모세가 그들에게 노하니라 21 무리가 아침마다 각 사람은 먹을 만큼만 거두었고 햇볕이 뜨겁게 쬐면 그것이 스러졌더라 22 여섯째 날에는 각 사람이 갑절의 식물 곧 하나에 두 오멜씩 거둔지라 회중의 모든 지도자가 와서 모세에게 알리매 23 모세가 그들에게 이르되 여호와께서 이같이 말씀하셨느니라 내일은 휴일이니 여호와께 거룩한 안식일이라 너희가 구울 것은 굽고 삶을 것은 삶고 그 나머지는 다 너희를 위하여 아침까지 간수하라 24 그들이 모세의 명령대로 아침까지 간수하였으나 냄새도 나지 아니하고 벌레도 생기지 아니한지라 25 모세가 이르되 오늘은 그것을 먹으라 오늘은 여호와의 안식일인즉 오늘은 너희가 들에서 그것을 얻지 못하리라 26 엿새 동안은 너희가 그것을 거두되 일곱째 날은 안식일인 즉 그 날에는 없으리라 하였으나 27 일곱째 날에 백성 중 어떤 사람들이 거두러 나갔다가 얻지 못하니라 28 여호와께서 모세에게 이르시되 어느 때까지 너희가 내 계명과 내 율법을 지키지 아니하려느냐 29 볼지어다 여호와가 너희에게 안식일을 줌으로 여섯째 날에는 이틀 양식을 너희에게 주는 것이니 너희는 각기 처소에 있고 일곱째 날에는 아무도 그의 처소에서 나오지 말지니라 30 그러므로 백성이 일곱째 날에 안식하니라 31 이스라엘 족속이 그 이름을 만나라 하였으며 깟씨 같이 희고 맛은 꿀 섞은 과자 같았더라 32 모세가 이르되 여호와께서 이같이 명령하시기를 이것을 오멜에 채워서 너희의 대대 후손을 위하여 간수하라 이는 내가 너희를 애굽 땅에서 인도하여 낼 때에 광야에서 너희에게 먹인 양식을 그들에게 보이기 위함이니라 하셨다 하고 33 또 모세가 아론에게 이르되 항아리를 가져다가 그 속에 만나 한 오멜을 담아 여호와 앞에 두어 너희 대대로 간수하라 34 아론이 여호와께서 모세에게 명령하신 대로 그것을 증거판 앞에 두어 간수하게 하였고 35 사람이 사는 땅에 이르기까지 이스라엘 자손이 사십 년 동안 만나를 먹었으니 곧 가나안 땅 접경에 이르기까지 그들이 만나를 먹었더라.

1 이스라엘 백성들이 애굽에서 나온 지 한 달이 흘렀습니다. 그들은 신 광야라는 곳에 이르렀습니다(출 16:1). 그곳에서 이스라엘 백성들은 모세와 아론을 원망합니다. 이스라엘 백성들은 직전에 애굽과 홍해에서 하나님이 행하신 일을 기억하지 못하는 것 같습니다. 왜 그들은 원망할까요? 답답한 현실 가운데 우리도 원망하지 않나요?

2 하나님은 광야에서 굶주리고 목마른 백성을 어떻게 하시나요? 하나님이 주시는 것은 무엇입니까? 하나님은 그것을 어떻게 하라고 말씀하시나요? 출애굽기 16장 17~18절에 보면, 거두고 나서 보니 많이 거둔 자는 남지 않고 적게 거둔 자도 부족함이 없이 하루치 양식 분량이 충분했다고 말합니다. 이 말의 의미는 무엇인가요?

3 이스라엘 백성 중에 어떤 사람들은 만나를 아침까지 남겨 놓았습니다. 어떤 사람들은 일곱 째 날인 안식일에 만나를 거두려고 나갔다가 그냥 돌아왔습니다. 왜 이들은 이런 행위를 했을까요?

만나 사건은 식량이 고갈된 상황에서 인내하지 못하는 이스라엘 백성들의 나약한 기질을 드러냅니다. 그들은 자신들의 고충을 과장되게 토로하면서 모세와 아론을 원망합니다. 배고픈 자유인이 되기보다는 배부른 노예가 되고 싶다는 의지를 드러내며 심지어 여호와 하나님 손에 죽는게 더 좋다고 말합니다. 이것은 하나님을 향한 원망과 불신앙에서 나오는 기도입니다. '우리를 굶겨 죽이시렵니까'

이스라엘 백성들은 애굽에서 10가지 재앙을 보았고, 홍해 바다가 갈라져 바로와 그 군대가 하나님 권능의 손에서 몰살되는 것도 목격했습니다. 그러나 주변 환경을 보고서 바로 불신앙을 품었습니다. 원망은 불신앙의 표현이고, 감사는 하나님을 존경하고 신뢰하는 표시입니다.

원망하는 이스라엘 백성에게 하나님은 풍성한 자비와 긍휼을 베푸십니다. 하늘에서 양식을 비같이 내리셨습니다. 그리고 그들에게 매일 일정 분량, 즉 한 오멜씩만(16절) 거두라고 명하십니다. 저녁에는 메추라기를 지면에 쌓이게 하십니다. 매일매일 만나와 메추라기를 거두면서 모든 필요를 채우시는 하나님의 은혜를 기억하라는 뜻이 분명합니다. 또한 이것은 일용할 양식에 만족하고 필요 이상의 물질에 욕심 갖지 말라는 경고이기도 합니다. 하나님은 광야 생활 40년을 이렇게 신실하게 만나와 메추라기를 하루도 빠짐없이 주셨습니다. 이스라엘 백성들이 광야에서 할 수 있는 일은 아무것도 없었습니다. 오늘 양식을 주신 하나님이 내일도 주실 것을 믿으며 오직 인도하시는 대로 가는 길밖에 없었습니다.

이스라엘 백성들이 매일 거두어들이는 만나는 많거나 적을 때도 있었지만, 오멜로 보면 모두에게 적합한 분량이었습니다(17-18절). 이처럼 하나님은 각자에게 부족하거나 남지 않도록 일용할 양식을 적절하게 공급하셨습니다. 바울은 이 만나의 원리를 이용해 성도들을 구제함으로 부족하거나 남는 자가 없이 평균케 하시는 하나님의 역사를 강조합니다.

그러나 이스라엘 백성 중 일부는 일정 분량의 만나만 거둔 것이 아니라 더 거두어 축적하려 했습니다. 하나님의 경고대로 남겨 놓은 것은 벌레가 생기고 냄새가 났습니다. 심지어 안식일을 위해 여섯 째 날에 두 배로 거두게 하신 것을 깨닫지 못하고 안식일에도 나가 거두려는 사람도 있었습니다. 하나님의 뜻을 저버리는 백성들의 마음에는 탐욕에 젖은 아담의 근성이 있었습니다. 각자 자기 의지대로 문제를 해결하고, 심지어 자기가 하나님이 되려고 하는 인간의 욕망은 그들을 불순종에 빠지게 했습니다.

3. 버리는 것이 없게 하라

　예수님은 큰 이적을 보고 따르는 무리에게 양식을 공급해 주셨습니다. 사복음서에 기록된 오병이어 기적을 주님은 행하셨습니다. 무리는 조상들이 광야에서 만나를 먹은 표적을 거론하면서 예수님에게 표적을 보여달라고 요구합니다. 그들은 앞으로 오실 메시아는 광야 40년 동안 이스라엘 백성들에게 만나의 표적을 보여준 모세와 같은 분일 것이라고 생각했기 때문입니다. 그들이 경험한 오병이어 기적은 만나 기적만큼 광범위한 기적은 아니었기에 다른 표적을 구했습니다. 그때 주님은 만나에 대해 이야기 하시면서, 만나를 주신 분은 모세가 아니라 하나님이라고 강조하십니다. 그러나 모세가 준 만나는 일시적이고 부패하기 쉬운 것이었지만 하나님이 주신 만나는 참 떡이라고 가르치십니다. 예수님만이 진정한 만나를 주십니다. 그 분 자체가 생명의 떡이십니다. 우리는 일용할 양식을 풍성히 주시는 주님 안에 거하며 하나님 나라의 풍요를 누리는 것에 감사해야 합니다.

　(요한복음 6:1-13) [1] 그 후에 예수께서 디베랴의 갈릴리 바다 건너편으로 가시매 [2] 큰 무리가 따르니 이는 병자들에게 행하시는 표적을 보았음이러라 [3] 예수께서 산에 오르사 제자들과 함께 거기 앉으시니 [4] 마침 유대인의 명절인 유월절이 가까운 지라 [5] 예수께서 눈을 들어 큰 무리가 자기에게로 오는 것을 보시고 빌립에게 이르시되 우리가 어디서 떡을 사서 이 사람들을 먹이겠느냐 하시니 [6] 이렇게 말씀하심은 친히 어떻게 하실지를 아시고 빌립을 시험하고자 하심이라 [7] 빌립이 대답하되 각 사람으로 조금씩 받게 할지라도 이백 데나리온의 떡이 부족하리이다 [8] 제자 중 하나 곧 시몬 베드로의 형제 안드레가 예수께 여짜오되 [9] 여기 한 아이가 있어 보리떡 다섯 개와 물고기 두 마리를 가지고 있나이다 그러나 그것이 이 많은 사람에게 얼마나 되겠사옵나이까 [10] 예수

께서 이르시되 이 사람들로 앉게 하라 하시니 그 곳에 잔디가 많은지라 사람들이 앉으니 수가 오천 명쯤 되더라 [11] 예수께서 떡을 가져 축사하신 후에 앉아 있는 자들에게 나눠 주시고 물고기도 그렇게 그들의 원대로 주시니라 [12] 그들이 배부른 후에 예수께서 제자들에게 이르시되 남은 조각을 거두고 버리는 것이 없게 하라 하시므로 [13] 이에 거두니 보리떡 다섯 개로 먹고 남은 조각이 열두 바구니에 찼더라.

1 오병이어 기적의 배경을 설명해 보세요. 장소와 시간을 확인해 보면 성경의 저자가 의도한 바를 알 수 있습니다. 오병이어 기적은 무엇을 보여주려고 할까요?

2 예수님은 어떻게 오병이어의 기적으로 여자와 어린이 외에 오천 명(마 14:21)을 다 먹였을까요? 이 기적의 의미는 무엇인가요? 요한복음에서 예수님은 표적을 행하신 후 그 의미에 대해 말씀하십니다. 요한복음 6장 47-51절 말씀과 여러분이 생각하는 오병이어 기적의 의미를 비교해 보세요.

(요한복음 6:47-51) [47] 진실로 진실로 너희에게 이르노니 믿는 자는 영생을 가졌나니 [48] 내가 곧 생명의 떡이니라 [49] 너희 조상들은 광야에서 만나를 먹었어도 죽었거니와 [50] 이는 하늘에서 내려오는 떡이니 사람으로 하여금 먹고 죽지 아니하게 하는 것이니라 [51] 나는 하늘에서 내려온 살아 있는 떡이니 사람이 이 떡을 먹으면 영생하리라 내가 줄 떡은 곧 세상의 생명을 위한 내 살이니라 하시니라.

3 12절을 보면, 무리가 다 먹고 배부른 후에 예수님은 제자들에게 '남은 조각을 거두고 버리는 것이 없게 하라'고 말씀하십니다. 이 말씀의 의미는 무엇일까요?

(요한복음 6:53-58) ⁵³ 예수께서 이르시되 내가 진실로 진실로 너희에게 이르노니 인자의 살을 먹지 아니하고 인자의 피를 마시지 아니하면 너희 속에 생명이 없느니라 ⁵⁴ 내 살을 먹고 내 피를 마시는 자는 영생을 가졌고 마지막 날에 내가 그를 다시 살리리니 ⁵⁵ 내 살은 참된 양식이요 내 피는 참된 음료로다 ⁵⁶ 내 살을 먹고 내 피를 마시는 자는 내 안에 거하고 나도 그의 안에 거하나니 ⁵⁷ 살아 계신 아버지께서 나를 보내시매 내가 아버지로 말미암아 사는 것 같이 나를 먹는 그 사람도 나로 말미암아 살리라 ⁵⁸ 이것은 하늘에서 내려온 떡이니 조상들이 먹고도 죽은 그것과 같지 아니하여 이 떡을 먹는 자는 영원히 살리라.

복음서는 오병이어 기적이 유월절 무렵에 갈릴리 바다 벳세다 근처 빈들에서 일어났다고 증거합니다. 이 배경 설명에서 우리는 오병이어 기적의 의미를 명확하게 알 수 있습니다. 유월절은 어린 양의 피로 하나님이 유대인들을 구원하신 것을 기념하는 날입니다. 유월절의 어린 양 되시는 예수 그리스도가 이 사건의 중요한 의미로 등장하는 이유입니다. 또한 그 장소는 빈들입니다. 문자적으로 광야를 가리키는 것은 아니지만 이 사건은 구약 이스라엘 백성에게 하나님이 만나를 주신 광야를 연상하게 합니다. 만나는 이스라엘 백성들의 생존을 위해 반드시 필요한 일용할 양식이었는데, 이제 그 양식이 생명의 떡이신 예수님이라는 사실을 증거합니다.

예수님은 남자만 오천 명 되는 많은 무리를 한꺼번에 다 먹일 수 없다고 부정적으로 생각하는 제자들을 시험하십니다. "우리가 어디서 떡을 사서 이 사람들을 먹이겠느냐?" 언뜻 보면 공감되는 말씀입니다. 육신의 눈과 마음으로는 불가능하기에 그동안 주님이 행하신 기적을 보고서도 불신앙에 빠질 수밖에 없습니다. 주님보다 환경이 더 커 보이기 때문입니다. 주님 말씀대로 '살리는 것은 영이요' 육은 무익합니다(요 6:63). 그러나 주님은 가난한 어린 아이가 먹는 보리떡 다섯 개와 물고기 두 마리를 가지고 축사하십니다. 유대인의 식사 습관처럼 먼저 기도하고 그것을 떼어 나누어 주십니다. 그 결과 모든 사람이 원없이 다 먹고도 열두 바구니가 남았습니다.

주님은 무리들이 배불리 먹은 후 제자들에게 '남은 조각을 거두고 버리는 것이 없게 하라'고 하십니다. 이스라엘 백성들이 만나를 매일매일 거두어 다 먹고 남기지 않은 것처럼, 예수님이 만드신 이 새로운 만나는 버리면 안 되었습니다. 누군가 필요한 사람에게 남은 것을 흘러보내며 나누어야 합니다. 오병이어는 보잘 것 없는 가난한 어린 아이의 도시락 정도였지만 사실 주님의 모습을 상징합니다. 주님의 생명을 가진 자들이 성도들이고, 우리는 주님의 성찬에 참여하며 한 몸을 이루는 주님의 교회입니다. 따라서 절대 버리면 안 됩니다. 주님의 생명은 온전히 선택된 모든 자에게 나누어져야 합니다.

이 기적은 예수님이 생명을 주는 진정한 만나라는 사실을 입증합니다. 예수님은 이 표적을 설명하실 때 구약의 만나와 비교하십니다. 만나는 먹어도 죽습니다. 그러나 하늘에서 내려오는 떡은 먹고 죽지 않습니다. 영생하게 됩니다. 그러면서 주님은 '내가 줄 떡은 곧 세상의 생명을 위한 내 살이다'(요 6:51)고 말씀하십니다. '내 살을 먹고 내 피를 마시는 자는 영생을 가졌고 마지막 날에 내가 그를 다시 살리리니 내 살은 참된 양식이요 내 피는 참된 음료다'(요 6:54-55). 그러므로 오병이어의 기적은 한적한 곳, 빈들에서 주님이 행하신 성찬입니다.

예수님은 제자들과 함께하는 유월절 만찬에서 떡을 가지고 축사하시며 떼어 제자들에게 주십니다. 그리고 '받아서 먹으라 이것은 내 몸이라' 하셨습니다. 또 잔을 가지시고 감사 기도하신 후 그들에게 주시며 '너희가 다 이것을 마시라. 이것은 죄 사함을 얻게 하려 많은 사람을 위하여 흘리는 바 나의 피, 곧 언약의 피니라'(마 26:26-28)고 비장한 말씀을 하셨습니다. 요한복음 6장과 마태복음 26장의 내용은 서로 연결됩니다. 오병이어 기적, 곧 진정한 만나 생명의 떡이신 예수님의 몸과 살을 먹는 것은 주님이 마지막에 제정하신 성찬식을 미리 보여주는 것입니다. 그러므로 단순하게 어린 아이처럼 자기가 가진 것을 드리라는 헌신의 제자도를 강조하는 것이 본문의 핵심이 아닙니다. 생명의 떡으로 오신 예수님을 나타내는 것이 바로 본문의 핵심입니다.

묵상과 질문

1. 우리는 일상의 필요와 양식에 대하여 세상 관점이 아닌 하나님 나라 관점을 가져야 합니다. 이 두 관점의 차이는 무엇일까요?

2. 누가복음 12장에 보면 자신을 위해 재물을 쌓아 놓은 어리석은 부자의 비유가 나옵니다. 이 부자의 문제점은 무엇일까요? 우리가 살펴 본 주기도문 네 번째 간구의 관점에서 말해보세요.

> **(눅 12:15-21)** [15] 그들에게 이르시되 삼가 모든 탐심을 물리치라 사람의 생명이 그 소유의 넉넉한 데 있지 아니하니라 하시고 [16] 또 비유로 그들에게 말하여 이르시되 한 부자가 그 밭에 소출이 풍성하매 [17] 심중에 생각하여 이르되 내가 곡식 쌓아 둘 곳이 없으니 어찌할까 하고 [18] 또 이르되 내가 이렇게 하리라 내 곳간을 헐고 더 크게 짓고 내 모든 곡식과 물건을 거기 쌓아 두리라 [19] 또 내가 내 영혼에게 이르되 영혼아 여러 해 쓸 물건을 많이 쌓아 두었으니 평안히 쉬고 먹고 마시고 즐거워하자 하리라 하되 [20] 하나님은 이르시되 어리석은 자여 오늘 밤에 네 영혼을 도로 찾으리니 그러면 네 준비한 것이 누구의 것이 되겠느냐 하셨으니 [21] 자기를 위하여 재물을 쌓아 두고 하나님께 대하여 부요하지 못한 자가 이와 같으니라.

3. 주님이 우리를 위해 목숨을 버리신 것처럼, 어린 아이가 자신의 오병이어를 주님께 드린 것처럼, 우리는 하나님 나라를 위해 자기를 부인하고 자기 십자가를 지고 주님을 따를 준비가 되어 있나요?

8과

우리의 죄를 사하여 주옵시고

주기도문의 네 번째 간구인 '오늘 우리에게 일용할 양식을 주시옵고'가 하나님 아버지를 겸손하게 의지하는 간구라면, 다섯 번째 간구인 '우리 죄를 용서해 주시옵고'는 하나님께 회개하고 통회하는 간구입니다. 네 번째 간구는 우리가 피조물임을 알려주는 반면, 다섯 번째 간구는 우리가 죄인임을 떠올려 줍니다. 그런데 안타깝게도 우리는 일용할 양식은 열심히 간구하면서도 죄 용서를 위해서는 성실하게 간구하지 않습니다. 우리가 날마다 풍성한 것을 공급받는다 해도 하나님의 용서를 받는 은혜를 함께 누리지 못한다면 그것은 복이 아닙니다.

1. 우리의 죄를 사하여 주옵소서

우리는 예수 그리스도가 우리 죄를 사하기 위해 속죄제물이 되신 것을 믿음으로 죄 용서를 받았습니다. 우리는 예수님을 믿음으로 새 사람이 되어 죄인에서 의인으로 변화되었습니다. 이것을 '칭의'(稱義)●라고 합니다. 그런데 이신칭의(以信稱義)●를 받은 신자는 이제 매일 죄와 싸워 승리해야 합니다. 날마다 우리의 삶을 돌아보고 죄 용서를 구하며 거룩한 삶을 추구해야 합니다. 이것을 '성화'(聖化)라고 합니다. 주님은 '우리가 우리에게 죄 지은 자를 사하여 준 것 같이 우리 죄를 사하여 주시옵고'라고 기도를 가르쳐 주셨습니다. 그리스도인이 매번 돌아온 탕자로 하나님 앞에 나오지 않는다면 그 기도는 예수님의 비유에 나오는 바리새인의 기도처럼 진실하지 못한 기도가 됩니다.

> **(마태복음 6:9-13)** ⁹ 그러므로 너희는 이렇게 기도하라 하늘에 계신 우리 아버지여 이름이 거룩히 여김을 받으시오며 ¹⁰ 나라가 임하시오며 뜻이 하늘에서 이루어진 것 같이 땅에서도 이루어지이다 ¹¹ 오늘 우리에게 일용할 양식을 주시옵고 ¹² 우리가 우리에게 죄 지은 자를 사하여 준 것 같이 우리 죄를 사하여 주시옵고 ¹³ 우리를 시험에 들게 하지 마시옵고 다만 악에서 구하시옵소서 (나라와 권세와 영광이 아버지께 영원히 있사옵나이다 아멘).

1 예수님께서 제자들에게 가르쳐 주신 네 번째 기도는 무엇인가요? 우리에게 날마다 이 기도가 왜 필요할까 우리 자신을 살펴보고 나누어 봅시다.

칭의: 의롭다 함

이신칭의: 믿음으로 의롭다 함

2 왜 주님은 '형제들의 죄를 우리가 용서한 것 같이'라는 단서를 달고 우리 죄 용서를 위해 기도하라고 하나요? 이 기도의 의미가 무엇인가요?

3 우리는 하나님께 우리 죄를 용서해달라고 기도는 잘하지만 형제가 우리에게 저지른 죄에 대하여서는 늦게 용서하거나 잘 용서하지 않습니다. 왜 그럴까요? 혹시 자신에게 이런 경험이 있다면 소개해 주세요.

    우리는 예수 그리스도를 믿음으로 과거, 현재, 미래의 모든 죄를 다 용서 받았지만 여전히 죄인처럼 죄를 짓고 살아갑니다. 그 죄는 심각하고 중하여 스스로의 힘과 노력으로는 갚을 수 없습니다. 그래서 우리는 죄 용서를 위한 기도를 드려야 합니다. 우리는 하나님의 자비와 긍휼이 풍성하심을 믿고 의지함으로 기도를 드립니다. 이 기도는 예수 그리스도 안에서 이루어진 죄 사함을 지금 이 순간 시행해 주시기를 간구하는 기도입니다.

    우리는 주 예수 그리스도의 은혜에 근거하여 하나님께 지은 죄를 용서해 주시길 간구합니다. 또한 우리는 예수님의 은혜를 힘입어 다른 사람이 우리에게 저지른 잘못을 용서할 수 있습니다. 용서하지 않는 그리스도인은 스스로 위선자임을 시인하는 것입니다. 예수님은 주기도문을 가르친 이후에 추가로 이 부분을 더 강조하셨습니다.

(마 6:14-15) ¹⁴ 너희가 사람의 잘못을 용서하면 너희 하늘 아버지께서도 너희 잘못들 용서하려니와 ¹⁵ 너희가 사람의 잘못을 용서하지 아니하면 너희 아버지께서도 너희 잘못을 용서하지 아니하시리라.

우리에게 잘못한 사람을 용서하는 것과 우리 잘못을 하나님에게 용서받는 것은 똑같이 비교할 수 있는 것이 아닙니다. 우리가 하나님께 짓는 죄는 비중이나 질, 내용에 있어 사람에게 짓는 죄와 비교가 될 수 없습니다. 그런데 어떻게 우리가 형제의 죄를 용서해 준 것처럼 하나님의 용서를 구할 수 있나요? 타인의 죄에 대하여 자비로운 사람은 죄에 대한 깊은 자각을 하게 됩니다. 타인의 모습에서 자신의 모습을 볼 수 있습니다. 하나님 앞에서 자신이 누구인지 깨닫게 되어 비교할 수 없는 자신의 죄를 아뢰며 죄 용서를 구합니다. 그래서 다른 사람을 용서하는 것은 우리가 하나님 앞에서 누구이며 어떤 죄 용서를 받았는지를 잘 아는 사람임을 증거합니다.

2. 나의 구원의 하나님이여 피 흘린 죄에서 나를 건지소서

하나님께 지은 죄를 용서받은 대표적인 인물이 다윗입니다. 하나님의 사람이 어떻게 저런 죄를 지을 수 있을까 할 정도로 다윗은 윤리적으로 심각한 죄를 범한 사람입니다. 다윗은 정욕을 이기지 못하고 밧세바와 간음하고 그의 남편을 교살했습니다. 다윗은 백성을 대표하는 왕으로서 가장 모범적으로 하나님을 섬기는 사람이어야 했으나, 가장 수

치스러운 죄를 범함으로 하나님의 심판 앞에 서게 되었습니다. 그러나 다윗은 그 죄를 숨긴 채 살았습니다. 그 때 다윗은 나단 선지자의 경고를 듣고, 바로 하나님 앞에서 회개 기도를 올립니다. 그 기도 내용이 시편 51편입니다.

(시편 51:1-19) [1] 하나님이여 주의 인자를 따라 내게 은혜를 베푸시며 주의 많은 긍휼을 따라 내 죄악을 지워 주소서 [2] 나의 죄악을 말갛게 씻으시며 나의 죄를 깨끗이 제하소서 [3] 무릇 나는 내 죄과를 아오니 내 죄가 항상 내 앞에 있나이다 [4] 내가 주께만 범죄하여 주의 목전에 악을 행하였사오니 주께서 말씀하실 때에 의로우시다 하고 주께서 심판하실 때에 순전하시다 하리이다 [5] 내가 죄악 중에서 출생하였음이여 어머니가 죄 중에서 나를 잉태하였나이다 [6] 보소서 주께서는 중심이 진실함을 원하시오니 내게 지혜를 은밀히 가르치시리이다 [7] 우슬초로 나를 정결하게 하소서 내가 정하리이다 나의 죄를 씻어 주소서 내가 눈보다 희리이다 [8] 내게 즐겁고 기쁜 소리를 들려 주시사 주께서 꺾으신 뼈들도 즐거워하게 하소서 [9] 주의 얼굴을 내 죄에서 돌이키시고 내 모든 죄악을 지워 주소서 [10] 하나님이여 내 속에 정한 마음을 창조하시고 내 안에 정직한 영을 새롭게 하소서 [11] 나를 주 앞에서 쫓아내지 마시며 주의 성령을 내게서 거두지 마소서 [12] 주의 구원의 즐거움을 내게 회복시켜 주시고 자원하는 심령을 주사 나를 붙드소서 [13] 그리하면 내가 범죄자에게 주의 도를 가르치리니 죄인들이 주께 돌아오리이다 [14] 하나님이여 나의 구원의 하나님이여 피 흘린 죄에서 나를 건지소서 내 혀가 주의 의를 높이 노래하리이다 [15] 주여 내 입술을 열어 주소서 내 입이 주를 찬송하여 전파하리이다 [16] 주께서는 제사를 기뻐하지 아니하시나니 그렇지 아니하면 내가 드렸을 것이라 주는 번제를 기뻐하지 아니하시나이다 [17] 하나님께서 구하시는 제사는 상한 심령이라 하나님이여 상하고 통회하는 마음을 주께서 멸시하지 아니하시리이다

¹⁸ 주의 은택으로 시온에 선을 행하시고 예루살렘 성을 쌓으소서
¹⁹ 그 때에 주께서 의로운 제사와 번제와 온전한 번제를 기뻐하시리니 그 때에 그들이 수소를 주의 제단에 드리리이다.

1. 다윗은 하나님의 무엇을 의지하여 회개 기도를 하고 있나요? 그가 지은 죄가 무엇이길래 그는 이렇게 기도하고 있나요? 다윗이 갑작스럽게 범죄한 이유가 무엇인가요?

2. 다윗은 하나님께 범죄하여 하나님의 면전에서 쫓겨나고 하나님의 성령이 떠난 사울 왕의 경우를 알고 있었습니다. 하나님께 버림당할까봐 두려워 몸부림치는 다윗의 용서와 회복을 위한 기도를 기록해 보세요. 무엇을 간구하고 있나요? 우리가 죄를 지었을 때 진정 두려워해야 할 것은 무엇인가요?

3. 다윗은 범죄한 자를 향한 하나님의 마음을 잘 알았습니다. 하나님이 원하시는 제사는 무엇이었나요? 왜 그런가요?

시편 51편은 부제(副題)에서 설명한 것처럼 다윗이 충성스러운 부하 우리야의 아내를 범하고 그 죄를 은폐하기 위해 전쟁에서 그를 교살한 엄청난 죄를 회개하는 기도입니다. 다윗은 이스라엘의 위대한 왕으로 최고 권력을 보유한 사람임에도 불구하고, 비유를 통해 죄를 지적하는 선지자 나단의 경고를 듣고 바로 회개하였습니다. 이 사실로 보아 다윗은 죄에 대한 수치심과 죄책감, 하나님에 대한 경외심을 가지고 있음을 알 수 있습니다. 죄를 짓는 성도가 가져야 하는 모범적인 기도문입니다.

다윗은 자신이 돌이킬 수 없는 큰 죄를 저질러 그 죄를 은폐하려 했으나 하나님 앞에 숨길 수 없었다는 사실을 알고 하나님을 크게 두려워하면서 기도합니다. 그는 하나님의 인자하심과 긍휼히 여기심을 의지하여 기도합니다. 시편 32편에서는 회개하지 않을 때의 모습을 이렇게 묘사합니다.

> 내가 입을 열지 아니할 때에 종일 신음하므로 내 뼈가 쇠하였도다.
> 주의 손이 주야로 나를 누르시오니 내 진액 빠져서 여름 가뭄에 마름 같이 되었나이다.

다윗은 자신이 죄악 중에 출생해서 늘 죄를 짓는 죄인임을 고백합니다. '죄를 지었다'를 넘어서 '항상 죄를 지을 수밖에 없다'라고 고백하는 것입니다. 그는 하나님과의 관계 회복을 간절히 원합니다. 그리고 자신이 변화되지 않고서는 불가능함을 토로합니다.

> 하나님이여 내 속에 정한 마음을 창조하시고 내 안에 정직한 영을 새롭게 하소서.

사울 왕이 범죄한 후 하나님이 그를 어떻게 하나님의 면전에서 쫓아

내시고 성령을 거두셨는지를 잘 아는 다윗이기에 두려움 가운데 하나님께 간구합니다. 하나님과의 교제에서 벗어나 외롭게 지낼 일이 얼마나 힘든지 알아야 하나님을 경외하고 죄에서 벗어나게 됩니다.

나를 주 앞에서 쫓아내지 마시고 주의 성령을 내게서 거두지 마소서.

다윗은 죄사함에 대한 확신을 갖게 됩니다. 하나님의 죄 용서를 기대하며 이제 하나님을 찬양하겠다고 고백합니다. 그리고 진정 하나님의 마음이 무엇인지를 알게 되고 다음과 같이 증거합니다.

주께서는 제사를 기뻐하지 아니하시나니 그렇지 아니하면 내가 드렸을 것이라 .
주는 번제를 기뻐하지 아니하시나이다. 하나님께서 구하시는 제사는 상한 심령이라.
하나님이여 상하고 통회하는 마음을 주께서 멸시하지 아니하시리이다.

예수님은 심령이 가난한 자는 복이 있다고 하셨습니다. '천국이 저희 것이다'고 말씀하셨습니다. 이렇게 상하고 통회하는 마음으로 주님 앞에 나아가는 자가 하나님의 자녀입니다. 그래서 다윗이 기록한 시편을 보면 언제나 그의 가난하고 통회하는 마음이 담겨 있음을 알게 됩니다.

3. 너도 네 동료를 불쌍히 여김이 마땅하지 아니하냐?

우리가 다른 사람의 허물을 보고 용서할 때, 용서를 비는 우리의 기도가 진실함을 보여 줍니다. 우리가 그리스도 안에서 하나님의 용서하시는 사랑을 조금이라도 맛보았다는 증거는 우리가 우리에게 죄지은 사람을 기꺼이 용서할 때입니다. 주님은 '긍휼히 여기는 자는 복이 있나니 저희가 긍휼히 여김을 받을 것이라'고 말씀하셨습니다. 이 말씀은 긍휼히 여김을 받고 하나님의 용서를 받은 체험이 있는 우리 또한 다른 사람의 죄를 용서하고 긍휼히 여기는 태도를 보여줄 수 있다고 말합니다.

(마태복음 18:21-35) [21] 그 때에 베드로가 나아와 이르되 주여 형제가 내게 죄를 범하면 몇 번이나 용서하여 주리이까 일곱 번까지 하오리이까 [22] 예수께서 이르시되 네게 이르노니 일곱 번뿐 아니라 일곱 번을 일흔 번까지라도 할지니라 [23] 그러므로 천국은 그 종들과 결산하려 하던 어떤 임금과 같으니 [24] 결산할 때에 만 달란트 빚진 자 하나를 데려오매 [25] 갚을 것이 없는지라 주인이 명하여 그 몸과 아내와 자식들과 모든 소유를 다 팔아 갚게 하라 하니 [26] 그 종이 엎드려 절하며 이르되 내게 참으소서 다 갚으리이다 하거늘 [27] 그 종의 주인이 불쌍히 여겨 놓아 보내며 그 빚을 탕감하여 주었더니 [28] 그 종이 나가서 자기에게 백 데나리온 빚진 동료 한 사람을 만나 붙들어 목을 잡고 이르되 빚을 갚으라 하매 [29] 그 동료가 엎드려 간구하여 이르되 나에게 참아 주소서 갚으리이다 하되 [30] 허락하지 아니하고 이에 가서 그가 빚을 갚도록 옥에 가두거늘 [31] 그 동료들이 그것을 보고 몹시 딱하게 여겨 주인에게 가서 그 일을 다 알리니 [32] 이에 주인

이 그를 불러다가 말하되 악한 종아 네가 빌기에 내가 네 빚을 전부 탕감하여 주었거늘 [33] 내가 너를 불쌍히 여김과 같이 너도 네 동료를 불쌍히 여김이 마땅하지 아니하냐 하고 [34] 주인이 노하여 그 빚을 다 갚도록 그를 옥졸들에게 넘기니라 [35] 너희가 각각 마음으로부터 형제를 용서하지 아니하면 나의 하늘 아버지께서도 너희에게 이와 같이 하시리라.

1. 임금에게 일만 달란트 빚 진 종은 빚 탕감을 받았습니다. 왜 탕감 받았나요? 그가 탕감 받은 빚은 얼마나 되나요? 여기서 그 종은 결국 누구를 가리키나요?

2. 빚을 탕감 받은 종은 일백 데나리온 빚진 자신의 동료를 감옥에 가둡니다. 왜 그랬나요? 이런 모습에서 죄인들의 삶을 보게 됩니다. 인간의 본성은 무엇일까요?

3. 이런 무자비한 종에게 임금님은 어떤 조치를 취하나요? 형제를 용서하지 않는 성도에 대한 하나님의 마음은 무엇인가요?

형제가 자신에게 범죄하면 몇 번까지 죄를 용서해 주어야 하는지 묻는 베드로에게 예수님은 빚의 액수로 비교하여 비유로 대답 하십니다. 임금에게 일만 달란트 빚진 종을 임금은 불쌍히 여겨 놓아 줍니다. 반면 그 종은 자신에게 일백 데나리온 빚진 동료 한 사람을 빚을 갚을 때까지 옥에 가두어 버립니다. 임금에게 일만 달란트 빚진 것은 한 달란트가 6,000데나리온이니 동료가 빚진 300데나리온의 20만 배에 해당합니다 한 데나리온이 노동자의 하루 임금이니 300데나리온은 오늘날 계산으로 10개월 임금입니다. 그것의 20만 배이니 얼마나 큰 금액인가요? 한 개인이 절대로 갚을 수 없는 금액임을 상징하고 있습니다.

임금 앞에서는 채무자요 동료에게는 채권자인 주인공은 임금의 긍휼히 여기심은 체험하나 자신은 긍휼을 베풀지 않는 자입니다. 이 비유의 교훈은 주기도문의 내용을 그대로 반영합니다. 주기도문의 다섯 번째 간구는 하나님께 자기 죄를 사해달라고 기도하면서 동시에 다른 사람에게 용서해야 하는 의무를 가진 사람의 기도입니다. 우리는 '일흔 번씩 일곱 번(490번)'까지 용서할 수 있는 다른 사람의 죄와는 비할 수 없는 엄청나게 큰 죄를 하나님에게 용서받았습니다.

우리가 하나님에게 용서받은 것에 비하면 다른 사람들을 용서하는 것은 아무리 악한 상황이라도 아무것도 아닙니다. 하나님의 용서를 받은 사람이 형제를 용서해 주는 것은 마땅한 일이며 오히려 자연스러운 일입니다. 그래서 이 비유의 결론은 '너희가 각각 마음으로부터 형제를 용서하지 아니하면 너희 하늘 아버지께서도 너희에게 이와 같이 하시리라'에 있습니다. 형제에게 죄를 지은 것이 있으면서도 없다고 한다면 그는 용서받을 자격이 없습니다. 남을 용서하지 않으면서 하나님께 자신의 죄를 용서해달라고 간구하는 것은 외식입니다.

죄는 하나님과의 관계를 단절시킵니다. 그래서 하나님과 화해가 필요합니다. 화해는 우리의 죄 고백과 하나님의 죄 용서가 있어야 가능합니다. 더 나아가 사람들 간의 용서와 화해가 중요합니다. 우리는 죄를 용서 받아야 하는 존재이며 우리가 죄 용서를 받은 사실을 다른 사람을 용서함으로써 증명해야 합니다. 용서는 수많은 죄인을 용서하시는 하나님 아버지의 은혜와 자비를 세상에 알리는 방법입니다.

주님은 우리에게 용서의 모범을 보여주셨습니다. 우리가 죄를 용서받았기에 형제를 용서할 수 있습니다. 또한 우리가 형제를 먼저 용서했기에 우리 죄를 용서해 달라고 하나님께 간구할 수 있습니다. 주기도문의 네 번째 간구는 아직 하나님 나라가 임하지 않은 이 땅에서 사는 우리들이 죄와 싸워 이기기 위해 하나님을 의지하는 기도입니다.

묵상과 질문

1. 가족과 형제들에게 심한 핍박과 고통을 주는 주위 사람들에게 우리는 어떻게 해야 할까요? 거룩하신 하나님 앞에서 자신과 그들을 비교해 보십시오. 누구의 죄가 더 크게 용서받았습니까? 주님은 "형제의 눈 속에 있는 티는 보고 네 눈 속에 있는 들보는 깨닫지 못하느냐? … 외식하는 자여 네 눈 속에 있는 들보를 빼어라 그 후에야 밝히 보고 형제의 눈 속에서 티를 빼리라"고 하셨습니다(마 7:3, 5).

2. "그리스도인의 결함이 하나님께 매우 거슬리는 이유는 그들 속에 죄악을 피할 수 있는 가장 분명한 이유가 되는, 그리스도 안에 있는 하나님의 사랑과 내주하시는 성령이 있기 때문이다"(제임스 패커)라는 말에 여러분은 동의하나요? 그 이유를 말해 보세요.

3. 타인을 용서하지 않는 그리스도인은 위선자입니다. 왜 그런가요? 그러나 개인 사정상 도저히 용서가 안 되는 경우도 있습니다. 언제 그런가요? 무엇이 그를 힘들게 하여 용서를 못하게 만들까요? 그럼에도 불구하고 우리는 용서할 수 있습니다. 언제 어떻게 가능할까요?

9과

시험에 들게 하지 마옵시고 다만 악에서 구하옵소서

하나님은 우리를 의와 생명으로 통치하시는 반면 사탄은 우리를 죄와 죽음으로 통치합니다. 하나님 나라가 이 땅에 완전히 임하지 않은 이유는 사탄이 자기 권세를 가지고 하나님 나라에 저항하기 때문입니다. 죄의 세력이 남아서 사람들을 유혹하여 그 세력을 키워가려 합니다. 그러나 주님이 재림하시면 모든 악의 세력은 심판을 받고 이 땅은 완전한 하나님 나라가 될 것입니다.

주기도문의 마지막 간구인 '시험에 들게 하지 마옵시고 다만 악에서 구하옵소서'는 하나님의 통치를 반대하고 저항하는 세력이 있음을 전제합니다. 우리가 늘 깨어있고 경계해야 할 세력이 악의 세력입니다. 그러므로 이 간구는 아버지와 관계를 멀어지게 하는 악의 유혹이 도사리고 있는 상황에서 하나님의 보호와 인도를 구하는 기도입니다.

1. 우리를 시험에 들게 하지 마옵소서

주기도문의 여섯 번째 간구에 사용된 '시험'으로 번역된 헬라어 '헤이라스모스'(πειρασμος)는 두 가지 의미가 있습니다. '시련'과 '유혹'이라는, 전혀 상관없어 보이는 서로 다른 두 가지 뜻으로 사용됩니다. 그러므로 이 단어의 정확한 의미는 전후 문맥에 의해 결정됩니다. 하나님은 우리를 시험하셔서(시련) 믿음을 연단하십니다. 그러나 마귀(사탄)는 죄의 시험(유혹)을 통하여 신자들을 믿음의 길에서 벗어나 불순종하게 만들어 하나님과의 관계를 깨드리려 합니다. 지난 시간 우리가 살펴본 것처럼 마귀(사탄)는 밧세바를 통해 이스라엘의 왕 다윗을 유혹함으로 큰 죄악을 범하게 만듭니다. 그러므로 우리는 늘 마귀의 궤계에 대적하며 하나님께 기도해야 합니다.

(마태복음 6:9-13) [9] 그러므로 너희는 이렇게 기도하라 하늘에 계신 우리 아버지여 이름이 거룩히 여김을 받으시오며 [10] 나라가 임하시오며 뜻이 하늘에서 이루어진 것 같이 땅에서도 이루어지이다 [11] 오늘 우리에게 일용할 양식을 주시옵고 [12] 우리가 우리에게 죄 지은 자를 사하여 준 것 같이 우리 죄를 사하여 주시옵고 [13] 우리를 시험에 들게 하지 마시옵고 다만 악에서 구하시옵소서 (나라와 권세와 영광이 아버지께 영원히 있사옵나이다 아멘).

1 시험에는 두 가지 의미가 있습니다. 본문에서 시험에 들지 말게 해 달라는 간구는 어떤 의미인가요? 우리는 왜 시험에 들게 될까요? 최근에 시험에 들어 힘들게 생활했던 경험이 있었다면 나누어 보세요.

(마태복음 4:1-11) [1] 그 때에 예수께서 성령에게 이끌리어 마귀에게 시험을 받으러 광야로 가사 [2] 사십 일을 밤낮으로 금식하신 후에 주리신지라 [3] 시험하는 자가 예수께 나아와서 이르되 네가 만일 하나님의 아들이어든 명하여 이 돌들로 떡덩이가 되게 하라 [4] 예수께서 대답하여 이르시되 기록되었으되 사람이 떡으로만 살 것이 아니요 하나님의 입으로부터 나오는 모든 말씀으로 살 것이라 하였느니라 하시니 [5] 이에 마귀가 예수를 거룩한 성으로 데려다가 성전 꼭대기에 세우고 [6] 이르되 네가 만일 하나님의 아들이어든 뛰어내리라 기록되었으되 그가 너를 위하여 그의 사자들을 명하시리니 그들이 손으로 너를 받들어 발이 돌에 부딪치지 않게 하리로다 하였느니라 [7] 예수께서 이르시되 또 기록되었으되 주 너의 하나님을 시험하지 말라 하였느니라 하시니 [8] 마귀가 또 그를 데리고 지극히 높은 산으로 가서 천하 만국과 그 영광을 보여 [9] 이르되 만일 내게 엎드려 경배하면 이 모든 것을 네게 주리라 [10] 이에 예수께서 말씀하시되 사탄아 물러가라 기록되었으되 주 너의 하나님께 경배하고 다만 그를 섬기라 하였느니라 [11] 이에 마귀는 예수를 떠나고 천사들이 나아와서 수종드니라.

2 마귀는 하나님의 아들 예수님을 시험합니다. 위 본문에서 마귀를 무엇이라고 부르나요? 마귀가 벌이는 시험의 내용을 아래 표에서 정리해 보세요.

마귀의 시험	예수님의 대응
네가 하나님의 아들이거든 돌들이 떡덩이가 되게 하라	사람이 떡으로만 살 것이 아니요 하나님의 입으로부터 나오는 모든 말씀으로 살 것이라

> **3** 예수님이 두 번째 시험에서 "주 너의 하나님을 시험하지 말라"고 인용하시면서 마귀의 도전을 물리치십니다. 이 말씀을 인용한 이유가 무엇일까요? 마귀의 유혹을 이기는 방법은 무엇인가요?

참된 그리스도인만이 여섯 번째 간구를 할 수 있습니다. 자기 마음을 알기 때문입니다. 그리스도인은 사탄과 세상과 자기의 부패한 육신을 대항하는 것에 있어서 자신이 얼마나 나약한지 잘 압니다. 따라서 이 간구는 우리의 연약함을 인정하고 하나님의 은혜를 의지하는 기도입니다.

우리의 유익을 위해 우리를 시험하시는 것이 하나님의 뜻인데 우리는 왜 '시험에 들게 하지 마옵시고'라고 기도해야 합니까? 그러나 종종 우리 영혼의 성장을 위해 꼭 필요하다고 여겨지는 이런 시련을 통해 도리어 우리가 죄의 유혹에 빠지게 될까 봐 두렵기 때문입니다. 시련과 유혹은 밀접한 관계가 있습니다. 시련은 쉽게 유혹으로 다가 올 수 있기 때문입니다. 하나님은 때때로 우리 믿음을 알아보시려고 우리를 어려운 상황으로 이끄십니다. 이스라엘 백성들을 광야로 인도하셔서 그들을 시험하셨습니다. 그러나 이스라엘 백성들은 하나님의 인도하심에 불만을 품고 얼마나 많은 경우에 불평과 원망을 내쏟았는지 모릅니다. 시련은 우리의 죄악 된 마음과 육신의 연약함 때문에 쉽게 죄를 유혹하는 시험이 되는 것입니다.

그렇다면 시험 당할 때 우리는 어떻게 해야 합니까? 우리는 주님의 모범을 배워야 합니다. 요한의 세례를 받으시고 성령 체험을 하시고 하나님의 아들이라 하늘의 인침을 받으신 예수님은 성령의 인도를 받으시면서 광야에서 40일을 금식하시면서 보내십니다. 이때 마귀가 에덴

동산에서 뱀으로 등장한 것처럼 시험하는 자로 다가옵니다. 그의 시험은 하나님의 아들인 예수님의 정체성을 공격하는 것이었습니다. "네가 만일 하나님의 아들이어든 명하여 이 돌들로 떡덩이가 되게 하라." "네가 만일 하나님의 아들이어든 뛰어내리라." "만일 내게 엎드려 경배하면 이 모든 것을 네게 주리라." 마귀는 예수님에게 너는 하나님의 아들이니 아주 쉽게 기적을 행하여 필요한 것들을 채우라고 유혹합니다. 배고프니 떡을 만들어 먹고, 인기 있는 메시야가 되고, 그리고 자신에게 절하면 쉽게 만왕의 왕 자리에 앉을 수 있다는 것입니다. 그러나 예수님은 신명기의 말씀을 인용해 마귀의 시험을 물리칩니다. 시험을 이기려면 마귀의 뜻이 아니라 하나님의 뜻을 알고 순종해야 합니다. 주님은 '시험에 들지 않게 깨어 기도하라'고 하셨습니다(마 26:41). 성령님의 인도를 받는 신자가 마음으로 하나님께 진정으로 복종하기 원한다 할지라도 본성은 여전히 악하여 끊임없이 사탄의 유혹을 받습니다. 성도는 스스로의 힘으로 이 강력한 시험에 맞설 수 없습니다. 하늘 아버지의 보호를 받아야 합니다. 하나님의 말씀을 신뢰하고 적용하며 하나님의 보호를 요청하며 깨어 있는 기도는 사탄의 유혹을 이기는 비결입니다.

그러므로 주기도문의 다른 기도처럼 우리의 보호자이신 하나님께 '우리가 시험에 들게 하지 마옵소서' 라고 간구하는 것은 우리 자신의 연약함을 정직하게 인정하는 신앙고백입니다.

2. 다만 악(악한 자)에서 구하소서

시험에 들지 않는 가장 좋은 방법은 시험하는 '악한 자'에게서 구원 받는 것입니다. 시험의 근본 원인은 마귀에게 있습니다. 마귀는 에덴동산에서 아담과 하와를 유혹하여 하나님이 금하신 열매를 따먹어 죄 짓게 하고 에덴동산에서 추방당하게 했습니다. 그 후로는 인간이 하나님보다 자기 욕망과 욕심을 따르게 되었습니다. 마귀는 죄성에 물든 인간 앞에 유혹거리를 둡니다. 명예를 좋아하는 사람에게는 명예를, 돈을 사랑하는 사람에게는 돈 버는 것을, 쾌락을 좋아하는 사람에게는 쾌락거리를 놓고 유혹합니다. 마귀의 유혹에 넘어간 사람은 주님을 사랑하기보다 세상에 있는 것을 사랑합니다.

(누가복음 22:31-34) [31] 시몬아, 시몬아, 보라 사탄이 너희를 밀 까부르듯 하려고 요구하였으나 [32] 그러나 내가 너를 위하여 네 믿음이 떨어지지 않기를 기도하였노니 너는 돌이킨 후에 네 형제를 굳게 하라 [33] 그가 말하되 주여 내가 주와 함께 옥에도, 죽는 데에도 가기를 각오하였나이다 [34] 이르시되 베드로야 내가 네게 말하노니 오늘 닭 울기 전에 네가 세 번 나를 모른다고 부인하리라 하시니라.

(마태복음 26:69-75) [69] 베드로가 바깥 뜰에 앉았더니 한 여종이 나아와 이르되 너도 갈릴리 사람 예수와 함께 있었도다 하거늘 [70] 베드로가 모든 사람 앞에서 부인하여 이르되 나는 네가 무슨 말을 하는지 알지 못하겠노라 하며 [71] 앞문까지 나아가니 다른 여종이 그를 보고 거기 있는 사람들에게 말하되 이 사람은 나사렛 예수와 함께 있었도다 하매 [72] 베드로가 맹세하고 또 부인하여 이르되 나는 그 사람을 알지 못하노라 하더라 [73] 조금 후에 곁에 섰던 사람들이 나아와 베드로에게 이르되 너도 진실로 그 도당이라 네 말소리가 너를 표명

한다 하거늘 ⁷⁴ 그가 저주하며 맹세하여 이르되 나는 그 사람을 알지 못하노라 하니 곧 닭이 울더라 ⁷⁵ 이에 베드로가 예수의 말씀에 닭 울기 전에 네가 세 번 나를 부인하리라 하심이 생각나서 밖에 나가서 심히 통곡하니라.

1 왜 예수님은 시몬아, 시몬아라고 부르시나요 주님은 시몬 베드로가 처할 상황을 알고 계셨나요? 그럼에도 베드로는 자신의 믿음이 견고하여 주님과 늘 동행하겠다고 말합니다. 이런 그의 믿음 고백에는 무엇이 결여 되어 있습니까?

2 주님은 시몬 베드로를 위해 무엇을 하셨나요? 두 단계에 걸쳐 행하십니다. 그것은 무엇인가요? 주님은 베드로를 위해 왜 그렇게 하셨나요? 우리가 악한 자에게 시험 들지 않도록 주님이 구원해 주신다고 믿는다 하면서도 시험에 빠지는 이유는 무엇인가요?

3 마태복음에서 베드로가 주님을 부인하는 장면에서 그가 어떻게 부인하고 있는지를 묘사해 보세요. 그렇게 주님과 동행하며 목숨까지 바치겠다던 베드로가 왜 주님을 저주하며 부인하는 지경에까지 이르게 되었나요? 그 때의 상황을 묵상하면서 베드로의 입장에서 대답해 보세요.

예수님은 마지막으로 제자들과 유월절 식사를 하시고 제자들에게 몇 가지 당부 말씀을 하십니다. 그 때 예수님은 베드로에게 '시몬아, 시몬아'라고 부르시면서 그에게 닥칠 큰 문제에 대해 미리 말씀해 주십니다. 베드로 대신 시몬이라고 두 번 부르신 것은 그의 연약한 인간성을 예시하는 것입니다. 곧 예수님을 세 번 부인할 것을 아시고 주님이 의도적으로 시몬이라고 부르십니다. 지금은 예수님이 잡히실 위기의 상황이기에 제자들은 곧 큰 두려움 가운데 다 흩어질 것입니다. 심지어 제자의 대표 베드로는 예수님을 세 번씩이나 부인하게 될 것입니다. 이런 상황은 사탄이 제자들을 밀 까부르듯 하려고 요구한 것이 무엇인지를 말해 줍니다. 죽음과 두려움을 이용해 사탄은 이제 기세등등하여 제자들을 시험하고 넘어지게 만들 것입니다.

베드로가 주님을 부인하는 장면을 보면 그가 얼마나 큰 시험과 두려움에 빠졌는지 알 수 있습니다. 처음에 베드로가 주님을 부인합니다. 그러나 이어지는 추궁에 베드로는 맹세하며 주님을 부인합니다. 그럼에도 계속 사람들의 의심이 이어지자 베드로는 자신과 관련 없음을 강하게 보이려고 주님을 저주하고 맹세하며 부인합니다. 주님을 부인하는 강도가 갈수록 세진 것입니다. 사탄의 유혹과 역사로 주님과 죽기까지 함께 하겠다고 각오한 베드로는 여지없이 무너집니다. 왜 우리가 시험에 들지 말고 악에서 구원을 받아야 하는지 베드로의 부인 사건에서 배울 수 있습니다.

우리는 베드로에게 미리 경고하시면서 주님이 하신 말씀을 기억해야 합니다. "그러나 내가 너를 위하여 네 믿음이 떨어지지 않기를 기도하였더니 너는 돌이킨 후에 네 형제를 굳게 하라"(눅 22:32). 주님은 베드로가 자신을 부인할 것을 미리 아시고 그를 위해 기도하셨습니다. 주님의 기도가 그나마 사탄의 시험에 크게 빠지지 않도록 보호했을 것입니다. 주님은 우리들의 연약함을 잘 아시고 우리를 위해 기도하십니다. 하나님은 미쁘셔서 우리가 감당하지 못할 시험 당함을 허락하지 않으십니다. 또한 우리가 시험 당할 즈음에 피할 길을 미리 주셔서 우리가 능히 감당하게 하십니다(고전 10:13).

　이러한 주님의 중보기도 덕분에 베드로는 회개하고 믿음이 회복되어 주님이 주시는 사명을 잘 감당할 수 있었습니다. 우리가 기도해야 하는 이유가 이것입니다. 주님은 악한 자가 우리를 밀 까부르듯 시험하려고 한다는 것을 잘 아십니다. 그리고 우리를 위해 기도하시는 대제사장으로서 우리를 긍휼히 여기십니다. 그 주님께 시험과 유혹에서 이기도록 기도해야 합니다.

3. 근신하라 깨어라

　베드로는 주님이 가룟 유다의 배신으로 대제사장 집에 잡혀 가신 그 밤을 잊지 못할 것입니다. 주님의 예언대로 그는 아주 비참하게도 세 번씩이나 주님을 부인했습니다. 정신없이 입에 대기도 힘든 언어를 사용하여 주님을 부인하던 그 순간 닭이 울자 주님의 말씀이 떠올라 밖에 나가 심히 통곡하였습니다. 주님은 부활하신 갈릴리 바다에서 베드로에게 '요한의 아들 시몬아, 네가 나를 사랑하느냐?' 질문하시고 주님의 양들을 먹이라고 사명을 주시면서 그의 아픈 상처를 치유해 주셨습니다. 오순절 성령강림으로 인해 변화된 베드로의 삶은 성경이 증거합니다. 성령이 충만한 베드로가 후에 기록한 베드로전서를 보면 당시 큰 시험을 당하는 성도들을 자신의 경험에 비추어 권면합니다.

(베드로전서 4:12-14) [12] 사랑하는 자들아 너희를 연단하려고 오는 불시험을 이상한 일 당하는 것 같이 이상히 여기지 말고 [13] 오히려 너희가 그리스도의 고난에 참여하는 것으로 즐거워하라 이는 그의 영광을 나타내실 때에 너희로 즐거워하고 기뻐하게 하려 함이라 [14] 너희가 그리스도의 이름으로 치욕을 당하면 복 있는 자로다 영광의 영 곧 하나님의 영이 너희 위에 계심이라.

(베드로전서 5:7-11) [7] 너희 염려를 다 주께 맡기라 이는 그가 너희를 돌보심이라 [8] 근신하라 깨어라 너희 대적 마귀가 우는 사자 같이 두루 다니며 삼킬 자를 찾나니 [9] 너희는 믿음을 굳건하게 하여 그를 대적하라 이는 세상에 있는 너희 형제들도 동일한 고난을 당하는 줄을 앎이라 [10] 모든 은혜의 하나님 곧 그리스도 안에서 너희를 부르사 자기의 영원한 영광에 들어가게 하신 이가 잠깐 고난을 당한 너희를 친히 온전하게 하시며 굳건하게 하시며 강하게 하시며 터를 견고하게 하시리라 [11] 권능이 세세 무궁하도록 그에게 있을지어다 아멘.

1 베드로가 말하는 불시험은 어떤 시험인가요? 이런 불시험이 올 때 베드로는 어떻게 하라고 권면하나요? 여러분도 베드로의 권면에 동의하시나요? 그 이유를 나누어보세요.

2 　불시험을 당하는 성도들에게 있는 가장 큰 문제는 무엇일까요? 이 문제는 예수님이 잡히시던 날 밤 베드로가 체험한 것과 동일한 것입니다. 우리는 왜 두려움에 쌓이게 될까요? 두려움과 믿음의 관계에 대하여 깊이 묵상해 보세요.

3 　우는 사자처럼 삼킬 자를 찾는 마귀에 대항하는 방법은 무엇일까요? 베드로는 하나님에 대해 어떤 확신을 가졌나요? 이 믿음의 확신 또한 베드로가 체험한 것입니다. 여러분이 시험과 고난 가운데 체험한 하나님에 대한 믿음을 나누어 봅시다.

　　베드로는 극심한 핍박을 받고 심지어 화형에 처할지도 모를 성도들을 위로하며 권면합니다. 불시험과 같은 고난이 오는 것을 이상한 일 당하는 것으로 여기지 말고 오히려 기뻐하라는 것입니다. 이러한 교훈은 하나님의 백성된 성도가 이 세상 사람들의 손에 화형을 당하는 것과 같은 불합리한 상황에 처할 때 하나님을 원망하게 될지도 모를 때를 위한 것입니다. 시련이 유혹으로 바뀔 수 있는 상황입니다. 베드로는 고난은 성도의 신앙을 연단하고 정화하고자 하는 하나님의 섭리에 의해 주어진 것이라고 성도들에게 말합니다. 그리고 성도가 고난을 당하는 것은 그리스도의 고난에 참여하는 것이므로 이로 인해 믿음이 연단된 성도들은 장차 그리스도의 영광에 기쁨으로 참여할 수 있으니 기뻐하라고 강력하게 말합니다.

베드로는 시험을 당하는 성도가 가장 조심해야 할 것이 염려, 즉 두려움이라는 감정이라고 강조합니다. 그에게는 주님이 팔리실 때 사탄이 두려움과 염려를 조성한 시험 때문에 자신도 모르게 주님을 배신했던 경험이 있습니다. 그래서 모든 염려를 다 주께 맡기라고 권면합니다. 왜냐하면 주님이 다 돌보시기 때문이라는 것입니다. 그리고 사도로서 주님을 증거할 때 공회의 압박, 감옥에 갇힘, 죽음의 위협을 겪을 때마다 주님이 보호해 주신 것을 잘 압니다. 오히려 베드로는 더 적극적으로 근신하여 깨어있을 것을 강조합니다. 믿음을 굳세게 하여 마귀를 대적하라고 권면합니다. 마귀는 우는 사자처럼 두루 다니며 삼킬 자를 찾고 다닙니다. 우리가 두려움에 빠져 믿음에 거하지 못하고 깨어있지 못함으로 넘어지는 것입니다. 그러나 주님의 이름으로 무장한 우리들이 그를 대적하면 물러납니다. 베드로는 시험당하고 고난 받는 성도들에게 하나님이 누구신지를 확신시킵니다.

(베드로전서 5:10-11) [10] 모든 은혜의 하나님 곧 그리스도 안에서 너희를 부르사 자기의 영원한 영광에 들어가게 하신 이가 잠깐 고난을 당한 너희를 친히 온전하게 하시며 굳건하게 하시며 강하게 하시며 터를 견고하게 하시리라 [11] 권능이 세세 무궁하도록 그에게 있을지어다 아멘.

이런 신앙고백으로 하나님께 나아가는 자가 승리하게 됩니다. 우리는 하나님께 기도함으로 깨어 있고 마귀를 대적함으로 영적 전투를 해 나가야 합니다. 우리는 악한 자에게서 구원하여 달라고 기도할 때마다 하나님의 영광과 권능이 어떠한지 더욱 묵상하여 나가야 합니다.

묵상과 질문

1. 우리 자신이 시험에 가장 잘 빠지는 죄악은 무엇인지 나누어 봅시다. 우리 자신은 반복적인 시험 앞에서 왜 무기력할까요?

2. 시험과 유혹에 자주 휩싸이는 우리를 위해 중보기도하시는 대제사장 예수 그리스도가 계시다는 사실은 우리에게 어떤 위로를 주나요?

3. 염려와 두려움은 우리가 살아가는 삶의 문제에서 불신앙으로 작용합니다. 이것을 극복하는 방법은 무엇일까요? 주위에서 극복한 경우가 있으면 나누어 보세요.

10과

송영

주기도문은 송영으로 마칩니다. 전통적인 기도 형식에 따라 기도에서 찬양으로 되돌아갑니다. 주기도문의 송영은 주기도문의 정신과 기도의 바른 자세를 잘 반영해 결론 어구로 사용하기에 알맞습니다. 이렇게 하나님께 찬송을 돌리는 것으로 우리의 간구를 마무리해야 합니다. 주기도문의 송영에는 어떤 뜻이 담겨 있을까요? 하이델베르그 교리 문답이 잘 보여줍니다.

> **하이델베르그 문답 128문**
> 우리가 주님께 이 모든 것을 구하는 것은 우리 왕이시요 모든 만물의 권세를 가지신 주님께서 우리에게 모든 좋은 것을 주고 싶어 하시고 또 주실 수 있기 때문입니다. 이로써 우리가 아니라 주님의 거룩하신 이름이 영원토록 영광을 받으실 것입니다.

1. 대개 나라와 권세와 영광이 아버지께 영원히 있사옵나이다 아멘

주기도문의 결론인 '대개(왜냐하면)'로 시작하는 송영은 우리가 왜 주기도문으로 기도하는지를 정확히 말해줍니다. 우리가 주기도문으로 기도하는 이유는 나라와 권세와 영광이 아버지께 영원히 있기 때문입니다.

보통 우리는 자기 소원을 올려드리는 것을 기도라고 생각해 자신이 드리는 모든 기도가 신속하게 응답받기를 열망합니다. 그래서 자신의 의가 드러나는 경우가 많습니다. 하나님보다 자신에게 집중하여 하나님이 받으실 영광을 취하고 싶은 은밀한 욕구도 드러납니다. 어린 아이와 같은 심정으로 기도하다 보니 기도를 들으시고 이루어주시는 하나님보다는 기도하는 자신에게 더 관심을 가집니다.

> **(마태복음 6:9-13)** ⁹ 그러므로 너희는 이렇게 기도하라 하늘에 계신 우리 아버지여 이름이 거룩히 여김을 받으시오며 ¹⁰ 나라가 임하시오며 뜻이 하늘에서 이루어진 것 같이 땅에서도 이루어지이다 ¹¹ 오늘 우리에게 일용할 양식을 주시옵고 ¹² 우리가 우리에게 죄 지은 자를 사하여 준 것 같이 우리 죄를 사하여 주시옵고 ¹³ 우리를 시험에 들게 하지 마시옵고 다만 악에서 구하시옵소서 (나라와 권세와 영광이 아버지께 영원히 있사옵나이다 아멘).

1 주기도문의 송영은 무엇을 강조하나요? 송영으로 주기도문을 마치는 이유는 무엇일까요?

2 나라와 권세와 영광은 무엇을 뜻하나요? 다니엘서를 보면 인자 같은 이가 하나님께 나아가자 하나님이 그에게 권세와 영광과 나라를 주는 장면이 나옵니다. 이를 볼 때 주기도문의 성격은 무엇과 관련되어 있는지 알 수 있나요?

(다니엘 7:13-14) [13] 내가 또 밤 환상 중에 보니 인자 같은 이가 하늘 구름을 타고 와서 옛적부터 항상 계신 이에게 나아가 그 앞으로 인도되매 [14] 그에게 권세와 영광과 나라를 주고 모든 백성과 나라들과 다른 언어를 말하는 모든 자들이 그를 섬기게 하였으니 그의 권세는 소멸되지 아니하는 영원한 권세요 그의 나라는 멸망하지 아니할 것이니라.

3 하나님의 영광은 언제 나타날까요? 우리의 삶에서 하나님의 영광이 나타날 때는 언제였나요? 최근에 하나님께 영광 돌렸던 경험이 있다면 나누어 보세요.

주기도문의 기도 내용은 처음부터 기도하는 사람의 개인적인 간청보다 하나님의 것을 구하는 데 집중합니다. 하나님의 이름이 거룩해지기를 바라고, 하나님의 나라가 임하기를 고대하며, 우리의 뜻이 아니라 하나님의 뜻이 이루어지기를 갈망합니다. 우리 자신을 위해 간구할 때도 풍족한 삶을 구하는 것이 아니라 우리가 하나님을 의존하는 자녀라는 사실을 강조합니다. 우리는 일용할 양식이 늘 필요한 존재이며, 하나님 아버지를 의지하는 연약한 존재이며, 하나님의 자비를 필요로 하는 죄인이라는 사실을 고백합니다. 하나님만이 우리의 보호자가 되셔서 악한 원수에게서 우리를 구원해 주시기를 믿음으로 간구합니다. 이러한 주기도문의 내용을 인정하고 하나님께 이 사실을 고백하는 것이 주기도문의 송영입니다. 그리하여 주기도문의 송영은 '대개(왜냐하면)'라는 단어로 시작합니다.

우리가 주기도문을 통해 하나님께 간구하는 이유는 모든 것을 주관하고 통치하시는 분이 하나님 아버지이시기 때문입니다. 기도를 이룰 능력도 하나님 아버지께 있고, 기도가 성취됨으로써 영광을 받아야 할 분도 하나님 아버지이시기 때문입니다. 나라와 권세와 영광은 하늘에 계신 우리 아버지만의 품성입니다.

통치와 부요함을 뜻하는 '나라'는 아버지께 속해 있습니다. 하나님의 나라는 하나님이 독생자 예수 그리스도를 통해 직접 다스리는 나라입니다. 그 나라는 하늘에서 이룬 것 같이 땅에서도 이루어질 것이며, 악한 자에게서 구원 받고 자녀의 권세를 받은 그의 백성들은 하나님 나라의 풍요를 누리며 살게 될 것입니다.

하나님 나라의 능력은 온전히 하나님에게만 있습니다. 사도 바울은 에베소 교회에 그 능력의 지극히 크심이 어떠한지 알게 해 달라고 기도합니다.

(에베소서 1:20-22) [20] 그의 능력이 그리스도 안에서 역사하사 죽은

자들 가운데서 다시 살리시고 하늘에서 자기의 오른편에 앉히사 [21] 모든 통치와 권세와 능력과 주권과 이 세상뿐 아니라 오는 세상에 일컫는 모든 이름 위에 뛰어나게 하시고 [22] 또 만물을 그의 발 아래에 복종하게 하시고 그를 만물 위에 교회의 머리로 삼으셨느니라.

기도는 처음부터 끝까지 하나님의 영광이라는 관점으로 생각해야 합니다. 영광이 하나님께 있다는 것은 하나님의 거룩하심과 위엄을 사람들이 볼 수 있게 드러내는 것을 말합니다. 따라서 하나님께 영광을 돌리는 것은 지극히 높으신 하나님 아버지의 위엄을 인정하여 그분을 높이는 것입니다. 모든 만물을 창조하시고, 다스리시고, 새롭게 회복하셔서 영원한 나라를 완성하시는 하나님께 모든 영광을 돌리는 것입니다. 창조, 구속, 완성의 모든 과정을 주도적으로 이루시는 하나님은 영광받기에 합당한 분이십니다.

2. 주는 영원부터 영원까지 송축을 받으시옵소서

다윗은 임기 말에 성전을 건축하기 위해 하나님께 드릴 예물을 백성들과 함께 준비하며 하나님을 향해 기도를 올립니다. 그의 기도를 보면 얼마나 하나님 중심인지 알 수 있습니다. 모든 권세와 능력이 온전히 하나님께 속해 있음을 고백하는 기도입니다. 물질적으로 헌신한 것도 하나님이 은혜로 주신 것을 다시 되돌려 드린 것에 불과하다는 겸손한 기도입니다. "우리 하나님 여호와여 우리가 주의 거룩한 이름을 위하여 성전을 건축하려고 미리 저축한 이 모든 물건이 다 주의 손에서 왔사오니 다 주의 것이니이다"(대상 29:16), "모든 것이 주께로 말미암았 사오니 우리가 주의 손에서 받은 것으로 주께 드렸을 뿐이니이다"(대상 29:14b). 이런 기도 내용은 주기도문의 송영을 그대로 구현한 것입니다. 나라와 권세와 영광이 아버지께 영원히 있기 때문입니다.

(역대상 29:10-19) ¹⁰ 다윗이 온 회중 앞에서 여호와를 송축하여 이르되 우리 조상 이스라엘의 하나님 여호와여 주는 영원부터 영원까지 송축을 받으시옵소서 ¹¹ 여호와여 위대하심과 권능과 영광과 승리와 위엄이 다 주께 속하였사오니 천지에 있는 것이 다 주의 것이로소이다 여호와여 주권도 주께 속하였사오니 주는 높으사 만물의 머리이심이니이다 ¹² 부와 귀가 주께로 말미암고 또 주는 만물의 주재가 되사 손에 권세와 능력이 있사오니 모든 사람을 크게 하심과 강하게 하심이 주의 손에 있나이다 ¹³ 우리 하나님이여 이제 우리가 주께 감사하오며 주의 영화로운 이름을 찬양하나이다 ¹⁴ 나와 내 백성이 무엇이기에 이처럼 즐거운 마음으로 드릴 힘이 있었나이까 모든 것이 주께로 말미암았사오니 우리가 주의 손에서 받은 것으로 주께 드렸을 뿐이니이다 ¹⁵ 우리는 우리 조상들과 같이 주님 앞에서 이방 나그네와 거류민들이라 세상에 있는 날이 그림자 같아서 희망이 없나이다 ¹⁶ 우리 하나님 여호와여 우리가 주의 거룩한 이름을 위하여 성전을 건축하려고 미리 저축한 이 모든 물건이 다 주의 손에서 왔사오니 다 주의 것이니이다 ¹⁷ 나의 하나님이여 주께서 마음을 감찰하시고 정직을 기뻐하시는 줄을 내가 아나이다 내가 정직한 마음으로 이 모든 것을 즐거이 드렸사오며 이제 내가 또 여기 있는 주의 백성이 주께 자원하여 드리는 것을 보오니 심히 기쁘도소이다 ¹⁸ 우리 조상들 아브라함과 이삭과 이스라엘의 하나님 여호와여 주께서 이것을 주의 백성의 심중에 영원히 두어 생각하게 하시고 그 마음을 준비하여 주께로 돌아오게 하시오며 ¹⁹ 또 내 아들 솔로몬에게 정성된 마음

을 주사 주의 계명과 권면과 율례를 지켜 이 모든 일을 행하게 하시고 내가 위하여 준비한 것으로 성전을 건축하게 하옵소서 하였더라.

1 본문에 주님이 어떤 분이신지 고백하면서 가장 많이 나오는 표현은 무엇인가요? 이것을 볼 때 다윗의 신앙은 어떠한가요? 우리도 다윗과 같이 모든 것이 주께로 말미암았다고 고백하나요?

2 주님께 속한 것은 무엇인가요? 주님은 회중들 앞에서 왜 송축을 받으시나요? 우리가 드리는 기도와 비교해 보세요.

3 다윗이 하나님께 간구하는 기도 내용은 무엇인가요? 모든 것이 하나님의 것이라는 신앙고백과 성전 건축은 어떤 관계가 있나요?

다윗은 성전 건축 준비를 다 마친 후 마지막으로 이스라엘 회중 가운데 서서 자신과 백성의 기쁨을 매우 아름다운 시적 표현으로 기도합니다. 다윗의 대표 기도는 '우리 조상 이스라엘의 하나님 여호와여 주는 영원부터 영원까지 송축을 받으시옵소서'(대상 29:10)로 시작하여 '너희는 너희 하나님 여호와를 송축하라'(대상 29:20)로 끝을 맺습니다. 다윗의 기도는 철저하게 하나님을 송축하는 기도입니다.

다윗은 백성들의 헌금을 보고 평생 소원이었던 예루살렘 성전 건축이 곧 이루어질 것을 확신하며 감사 기도를 올립니다. 그는 먼저 모든 영광을 하나님께 돌리며 그분의 주권을 찬양합니다. 다윗은 그동안 이스라엘과 자기 삶 속에 역사하신 하나님의 능력을 경험하면서 조상에게 하신 약속이 성취되는 과정을 보았습니다. 그래서 노년의 다윗은 자신을 이스라엘의 왕으로 세우시고, 이스라엘 왕국에 하나님 나라를 이루어가는 가운데 모든 방해와 걸림돌을 극복하게 하신 하나님의 은혜와 능력을 높입니다. 다윗 자신과 이스라엘에 임한 하나님 나라를 찬양하는 송축과 감사 기도는 주기도문의 송영과 같은 내용과 의미입니다.

모든 경제적 풍요(부)와 사회적 지위(귀)는 하나님께로부터 온 것입니다. 만유의 주재되신 하나님이 사람을 크게 하시고 강하게 하시기 때문에 다윗은 주의 영화로운 이름을 찬양합니다. 그는 그들이 바치는 예물도 하나님의 것을 되돌려 드리는 것에 불과하다고 고백합니다. 다윗에게 허락된 풍요로운 축복 역시 하나님의 주권적인 은혜에서 비롯된 것이기에 자랑할 것이 없다는 고백입니다.

다윗은 백성들의 물질적 헌신을 귀하게 여기고 자원하는 믿음이 지속되기를 기도합니다. 하나님께서 계속해서 백성들에게 순종하는 마음을 주셔서 백성들이 주님께 충성하게 해달라고 기도합니다. 아들 솔로몬에게는 정성된 마음을 주셔서 말씀에 순종케 하심으로 성전을 건축하게 해달라고 축복기도 합니다. 우리는 다윗의 기도를 보면서 우리 기도 내용을 돌아봐야 합니다. 하나님의 이름에 합당한 찬양을 드리고, 우리의 필요를 구하되 주님을 전적으로 의존하며 드리는 간절한 기도, 이것이 주기도문의 정신입니다. 철저히 하나님만 높이고 의지하는 다윗의 기도는 주기도문의 송영으로 알맞습니다. 우리도 이런 고백을 해야 합니다. 왜냐하면 우리는 다윗이 알았던 분과 동일한 하나님을 알고 예배하기 때문입니다.

3. 영광과 존귀와 권능을 받는 것이 합당하오니

주기도문의 송영은 우리가 꼭 해야 할 아름다운 신앙고백이자 찬양입니다. 많은 시편을 지어 우리에게 감동을 주며, 믿음과 찬양의 모범을 보인 다윗도 노년의 마지막에는 송축 기도를 올립니다. 모든 것이 하나님의 것이기에 하나님께 드린다고 고백했습니다. 모든 영광과 존귀와 능력과 나라와 권세를 하나님께 돌렸습니다. 바울도 모든 만물이 하나님에게서 나오고, 그로 말미암고, 그에게 돌아간다고 하면서 모든 영광을 하나님께 돌렸습니다.

이에 비해 우리의 예배는 어떠한가요? 우리가 즐겨 부르는 찬양은 정말 하나님의 영광을 노래하며 하나님을 높이나요? 우리가 받은 은혜를 간증하거나 신앙을 고백하나요? 하나님의 이름만을 높이고 그의 영광을 찬송하는 기도가 필요한 시대입니다. 이미 찬양도 인간중심적인 시대가 되어 버렸기 때문입니다.

(요한계시록 4:1-11) [1] 이 일 후에 내가 보니 하늘에 열린 문이 있는데 내가 들은 바 처음에 내게 말하던 나팔 소리 같은 그 음성이 이르되 이리로 올라오라 이 후에 마땅히 일어날 일들을 내가 네게 보이리라 하시더라 [2] 내가 곧 성령에 감동되었더니 보라 하늘에 보좌를 베풀었고 그 보좌 위에 앉으신 이가 있는데 [3] 앉으신 이의 모양이 벽옥과 홍보석 같고 또 무지개가 있어 보좌에 둘렸는데 그 모양이 녹보석 같더라 [4] 또 보좌에 둘려 이십사 보좌들이 있고 그 보좌들 위에 이십사 장로들이 흰 옷을 입고 머리에 금관을 쓰고 앉았더라 [5] 보좌로부터 번개와 음성과 우렛소리가 나고 보좌 앞에 켠 등불 일곱이 있으니 이는 하나님의 일곱 영이라 [6] 보좌 앞에 수정과 같은 유리 바다가 있고 보좌 가운데와 보좌 주위에 네 생물이 있는데 앞뒤에 눈들이

가득하더라 [7] 그 첫째 생물은 사자 같고 그 둘째 생물은 송아지 같고 그 셋째 생물은 얼굴이 사람 같고 그 넷째 생물은 날아가는 독수리 같은데 [8] 네 생물은 각각 여섯 날개를 가졌고 그 안과 주위에는 눈들이 가득하더라 그들이 밤낮 쉬지 않고 이르기를 거룩하다 거룩하다 거룩하다 주 하나님 곧 전능하신 이여 전에도 계셨고 이제도 계시고 장차 오실 이시라 하고 [9] 그 생물들이 보좌에 앉으사 세세토록 살아 계시는 이에게 영광과 존귀와 감사를 돌릴 때에 [10] 이십사 장로들이 보좌에 앉으신 이 앞에 엎드려 세세토록 살아 계시는 이에게 경배하고 자기의 관을 보좌 앞에 드리며 이르되 [11] 우리 주 하나님이여 영광과 존귀와 권능을 받으시는 것이 합당하오니 주께서 만물을 지으신지라 만물이 주의 뜻대로 있었고 또 지으심을 받았나이다 하더라.

1 보좌에 앉으신 이, 곧 하나님은 어떤 분으로 묘사되고 있나요? 본문에 나오는 보석은 어디에 있나요?

2 보좌에 앉으신 하나님을 찬양하는 네 생물과 이십사 장로들은 누구인가요? 그들은 무엇 때문에 보좌 앞에 서서 하나님을 찬양하나요?

3 네 생물들과 이십사 장로들은 하나님을 어떻게 찬양하고 있나요? 그들의 찬양 내용은 무엇인가요? 이를 통해 우리들이 깨달아야 할 사실은 무엇인가요?

요한계시록에는 사도 요한의 환상 중에 천상 예배를 드리는 장면이 나타납니다. 하늘에 보좌가 베풀어졌고 하나님은 그 보좌에 앉으셨습니다. 보좌 가운데와 주위에 있는 네 생물은 밤낮 쉬지 않고 하나님을 찬양합니다. 모든 피조 세계를 상징하는 네 생물들이 보좌에 앉아 세세토록 살아계시는 하나님 아버지께 영광과 존귀와 감사를 돌립니다.

> **(요한계시록 4:8)** 네 생물은 각각 여섯 날개를 가졌고 그 안과 주위에는 눈들이 가득하더라 그들이 밤낮 쉬지 않고 이르기를 거룩하다 거룩하다 거룩하다 주 하나님 곧 전능하신 이여 전에도 계셨고 이제도 계시고 장차 오실 이시라 하고.

이 때 보좌에 앉으신 하나님 앞에 나와 경배하고 자기의 금 면류관을 드리는 이십사 장로들도 찬양합니다.

> **(요한계시록 4:11)** 우리 주 하나님이여 영광과 존귀와 권능을 받으시는 것이 합당하오니 주께서 만물을 지으신지라 만물이 주의 뜻대로 있었고 또 지으심을 받았나이다 하더라.

구약에서 단어를 두 번 사용하는 것은 강조하는 의미이고, 세 번 사용하는 것은 최상급을 의미합니다. "거룩하다 거룩하다 거룩하다 만군의 여호와여 그의 영광이 온 땅에 충만하도다"(사 6:3). 이사야가 성전에서 높이 들린 보좌에 앉으신 하나님을 보고 있을 때 그를 둘러싼 스랍 천사들이 외치던 찬양 소리입니다. 이와 동일한 찬양을 네 생물이 천상 보좌 앞에서 밤낮 쉬지 않고 부릅니다. 전에도 계셨고, 이제도 계시고, 장차 오실 분이신 하나님은 여호와 하나님이십니다. 여호와 하나님은 아브라함과 이삭과 야곱의 하나님으로, 언약하신 것은 반드시 이루시는 전능하신 하나님이십니다. 이 표현은 하나님의 절대성과 불변성을 증거하는 말입니다. 장차 오실 분은 재림을 통해 하나님 나라를 완성하실 분임을 나타낸다는 뜻입니다.

이십사 장로들은 구약의 열두 지파와 신약의 열두 제자들을 상징하며, 온 우주 가운데 있는 구원받은 성도들을 의미합니다. 그들이 천상에서 하나님께 예배하며 찬양드립니다. 그들은 주님과 함께 왕같이 다스리는 권세를 상징하는 금관을 벗어 하나님께 드리며 모든 영광을 돌립니다.

> (시편 115:1) 여호와여 영광을 우리에게 돌리지 마옵소서 우리에게 돌리지 마옵소서 오직 주는 인자하시고 진실하시므로 주의 이름에만 영광을 돌리소서.

> (요한계시록 4:11) 우리 주 하나님이여 영광과 존귀와 권능을 받으시는 것이 합당하오니 주께서 만물을 지으신지라 만물이 주의 뜻대로 있었고 또 지으심을 받았나이다 하더라.

성도들은 하나님의 영광과 존귀와 권능을 찬양합니다. 바울이 기도한 것처럼 우리 하나님은 세상 만물을 창조하셨고 다스리십니다. 마지막에는 주의 뜻대로 온전케 하여 만물을 새롭게 완성하십니다. 그리하여 창조주와 구원주이신 하나님은 영원히 찬양받으실 것입니다.

성도들의 천상 예배 장면을 바라보면서 우리는 심각한 문제와 마주합니다. 우리의 신앙생활과 기도생활이 얼마나 자기중심적인지 반성하게 됩니다. 유대인들은 하나님의 이름을 선포할 때 '거룩히 여김을 받으소서'라고 송영 기도를 올렸습니다. 바울은 '영광이 그에게 세세토록 있을지어다'(롬 11:36)라고 기도했습니다. 우리의 기도는 어떠한가요? 우리의 기도는 '예수님의 이름으로 기도합니다. 아멘'으로 끝납니다. 예수님의 이름과 영광은 세세 무궁토록 있을 것입니다. 그렇다면 우리는 주님의 영광을 생각하면서 그 영광을 가리는 일 없이 거룩하게 기도하며 신앙생활하고 있는지 돌아보아야 합니다.

묵상과 질문

1. 주기도문의 송영은 우리가 기도할 때 어떻게 간구해야 할지 강한 동기를 부여하고 근거를 제공합니다. 왜 그런지 이유를 말씀해 보세요.

2. 기도는 우리의 신앙고백입니다. 자신의 기도를 적어 보시고 어떤 신앙을 고백하고 있는지 묵상해 보세요.

3. 평소 자신의 찬양과 기도는 어떤가요? 우리가 하나님 중심적인 기도와 찬양을 드리는 일에 자주 실패하는 이유는 무엇일까요? 자기 중심적인 세속주의가 교회 안에도 가득합니다. 이것을 이겨낼 방법은 무엇일까요?

11과

기도에 관한 예수님의 가르침 (1)

마태복음과 누가복음 속 주기도문이 등장한 맥락에는 차이가 있습니다. 마태복음에서는 하나님 나라를 설명하는 산상수훈에서 주기도문이 하나님 나라의 핵심으로 소개됩니다. 누가복음에서는 예수님의 제자들이 세례 요한이 자기 제자들에게 기도를 가르쳐 준 것처럼 자신들에게도 기도를 가르쳐 달라고 요청하며 주기도문이 처음 소개됩니다. 하나님 나라와 예수님이 가르쳐주시는 기도의 중심에 주기도문이 있습니다. 누가복음에서는 주기도문 다음에 두 가지 비유와 한 가지 격언을 통해 기도에 대한 가르침을 이어갑니다. 이 세 가지 말씀은 주기도문에 대한 설명이라고 할 수 있습니다. 가르침의 핵심은 '아버지'이신 하나님은 우리의 기도를 분명히 들으시고 즉각 응답해 주신다는 것입니다.

오늘은 누가복음에 나타나는 기도에 관한 가르침을 살펴보겠습니다. 혹시 여러분은 주기도문으로 기도하면 하나님이 응답하실지 고민이 되거나 평상시 자신이 기도하던 것과 다르다고 느끼면서 의아한 적 없습니까?

1. 밤에 찾아온 친구 비유

이 비유는 밤에 찾아온 친구의 요청에 응답할 사람이 몇 명이나 되겠는지 묻는 질문으로 시작합니다. '떡 세 덩어리를 내게 꾸어 달라... 침실에 누웠으니 일어나 네게 줄 수가 없노라 하겠느냐?'(눅 11:5-7)가 중요한 질문입니다. 예수님은 질문을 던지시면서 비유의 뜻을 전달하고자 하십니다.

> **(누가복음 11:1-8)** [1] 예수께서 한 곳에서 기도하시고 마치시매 제자 중 하나가 여짜오되 주여 요한이 자기 제자들에게 기도를 가르친 것과 같이 우리에게도 가르쳐 주옵소서 [2] 예수께서 이르시되 너희는 기도할 때에 이렇게 하라 아버지여 이름이 거룩히 여김을 받으시오며 나라가 임하시오며 [3] 우리에게 날마다 일용할 양식을 주시옵고 [4] 우리가 우리에게 죄 지은 모든 사람을 용서하오니 우리 죄도 사하여 주시옵고 우리를 시험에 들게 하지 마시옵소서 하라 [5] 또 이르시되 너희 중에 누가 벗이 있는데 밤중에 그에게 가서 말하기를 벗이여 떡 세 덩이를 내게 꾸어 달라 [6] 내 벗이 여행중에 내게 왔으나 내가 먹일 것이 없노라 하면 [7] 그가 안에서 대답하여 이르되 나를 괴롭게 하지 말라 문이 이미 닫혔고 아이들이 나와 함께 침실에 누웠으니 일어나 네게 줄 수가 없노라 하겠느냐 [8] 내가 너희에게 말하노니 비록 벗 됨으로 인하여서는 일어나서 주지 아니할지라도 그 간청함을 인하여 일어나 그 요구대로 주리라.

1 예수님은 제자들에게 기도를 가르쳐 주실 때 첫 번째로 주기도문을 소개하셨습니다. 그렇다면 이후에 이어지는 비유는 왜 말씀하셨을까요?

2 이 비유에 등장하는 친구들은 몇 명인가요? 이들은 어떤 관계인가요? 이런 상황에서 보통 이스라엘 사람들은 어떤 선택을 할까요?

3 8절에서 '비록 벗됨으로 인하여서는 일어나서 주지 아니할지라도 그 간청함으로 인하여 일어나 그 요구대로 주리라'고 하셨는데 간청함의 원래 뜻은 무엇인가요?

4 이 비유가 말하고자 하는 의미는 무엇일까요?

　밤에 찾아온 친구 비유를 이해하려면 당시의 문화적 배경을 잘 알아야 합니다. 고대 농촌 사회는 이웃과의 관계와 먼 곳에서 온 손님 대접을 중요하게 생각했습니다. 밤에 찾아온 친구를 대접하기 위해 밤중에 다른 친구에게 찾아가 빵을 빌릴 수 있습니다. 여행하던 친구가 밤에 찾아왔을 때 당연히 그를 맞이하고 정중하게 대접해야 합니다. 문제는 다른 친구가 찾아와 자기 집에 찾아온 손님 대접을 도와달라고 했을때, 과연 응답해야 할지입니다. 친구는 이미 잠자리에 들었고 아이들도 자고 있습니다. 다시 일어나 문 앞까지 나가려면 귀찮습니다. 그럼에도 예수님은 반문하십니다. "너희 중에서 이런 상황에 처했을 때, 괴롭게 하지 말라며 빵을 줄 수 없는 핑계거리 몇 가지를 대면서 '일어나 줄 수 없다'고 말할 사람이 있느냐?" 우리 문화로는 이해하기 힘듭니다. 거절할 수 있습니다. 그러나 당시 사람들은 누구나 정답을 압니다. 아무리 한밤중이고 귀찮은 상황일지라도 친구는 일어나 요청을 들어줍니다. 그것도 기꺼이 들어줍니다. 왜냐하면 그들이 속한 사회에서는 그렇게 하는 것이 당연하기 때문입니다. 그러므로 예수님의 질문에 이 비유를 듣는 청중들은 '당연히 주어야 합니다'라는 대답을 했을 것입니다.

주님은 여기에 하나를 더 설명하면서 '당연히 주어야 한다'고 말씀하십니다. "비록 벗 됨으로 인하여서는 일어나서 주지 아니할지라도 그 간청함을 인하여 일어나 그 요구대로 주리라"(눅 11:8). 이 말씀은 우리가 많이 오해합니다. 떼를 쓰면서 열심히 간청하여 기도하면 다 응답될 것이라는 말씀으로 이해합니다. 이 말씀에서 간청함을 뜻하는 헬라어는 '아나이데이아'(ἀναίδεια)입니다. 신약성경에서는 단 한 번 사용된 단어입니다. 단어의 의미를 확인할 선례나 문맥이 없습니다. 그러므로 누가복음 11장의 문맥을 잘 살펴 보며 어원학적으로 연구해야 합니다. '아나이데이아'는 창피, 부끄러움을 뜻하는 '아이도스'(αἰδώς)에서 파생되었습니다. 거기에 부정을 나타내는 α가 붙어 '부끄러움을 당하지 않으려고'라는 뜻이 됩니다. 원문의 아나이데이아를 체면과 수치를 중시했던 고대 중동 사회의 풍습을 고려하여 바르게 해석하면 '수치를 피하기 위하여'로 번역하는 것이 자연스럽습니다. 그런데 한글 성경은 전혀 다른 의미인 '간청함'으로 번역했습니다.

잠자려는 친구에게 여행 손님을 맞이한 친구가 간청하거나 끈질기게 졸라 떡 세 덩어리를 겨우 얻어냈다는 것은 당대 문화에서도 낯설고, 예수님이 말씀하시려는 것과도 먼 뜻입니다. '간청함'이라고 번역된 이 단어는 간청하는 친구의 문제가 아닙니다. 잠자려던 친구가 자신이 속한 공동체에서 창피를 당하지 않으려 하는 문화가 중요합니다. 친구를 찾아가 떡 덩어리를 요구하기만 하면, 언제든지 떡을 받을 수 있습니다. 단순한 우정의 문제가 아닌 공동체 문화 때문입니다. 공동체의 손님 접대 문화 때문에 부끄러움을 당하지 않기 위해 그 친구는 짜증이 나도 필요한 떡을 준 것입니다. 이것이 주님이 말씀하신 뜻입니다. 따라서 이 비유의 초점은 기도하는 인간의 자세가 아니라 기도에 응답하시는 하나님의 성품에 있습니다. 사람도 우정 때문이 아니라 수치를 피하기 위하여 요청을 들어 줄 정도라면, 은혜로우신 하나님은 사랑하는 자녀가 믿음을 갖고 구할 때 들어주지 않겠느냐는 뜻입니다.

사람들이 평상시 기도하는 방식과 달리 주기도문의 내용대로 단순하게 기도해도, 주기도문의 내용처럼 엄청난 문제를 하나님께 간구해도 하나님은 기도를 들어주시고 응답하신다는 것이 이 비유의 의미입니다. 그렇기에 아버지와 자녀의 관계가 중요합니다. 부자 관계는 본문에 등장하는 친구나 공동체 관계보다 결속력이 더 강하기 때문입니다. 이 비유는 아버지되신 하나님은 언제든지 자녀의 기도를 들으신다는 기도의 확신을 가르쳐 줍니다. 그러므로 아버지 하나님께 기도하는 사람은 주기도문의 내용을 이룰 능력이 있을 뿐만 아니라 기도하는 자녀의 소원을 너그럽게 들어주시는 하나님께 언제든지 담대하게 나갈 수 있습니다. 우리 하나님은 '후히 주시고 꾸짖지 아니하시는' 하나님이기 때문입니다(약 1:5). 이처럼 풍성히 주시는 것은 하나님이 우리 아버지이시기 때문입니다. 이것은 주기도문에서 하나님을 '아버지'라고 부르라고 한 것(눅 11:2)과 이 비유 다음에 이어지는 아버지와 아들 비유(눅 11:11-12)에서도 강조됩니다. 기도하고 응답하는 데 아버지와 자녀 관계보다 무엇이 더 필요합니까?

2. 아버지와 아들 비유

이 비유 역시 질문으로 시작합니다. '너희 중에 아버지 된 자로서 누가 … 주겠느냐?'(눅 11:11-12)라는 질문을 통해 청중을 끌어들여 청중이 공감하는 내용을 강조합니다. 이 질문은 아들의 요구에 이처럼 행동하는 아버지가 없다는 것을 말하며 아버지의 자비로움을 나타냅니다.

(누가복음 11:11-13) ¹¹ 너희 중에 아버지 된 자로서 누가 아들이 생선을 달라 하는데 생선 대신에 뱀을 주며 ¹² 알을 달라 하는데 전갈을 주겠느냐 ¹³ 너희가 악할지라도 좋은 것을 자식에게 줄 줄 알거든 하물며 너희 하늘 아버지께서 구하는 자에게 성령을 주시지 않겠느냐 하시니라.

1 본문의 아버지와 아들 비유는 두 가지 질문으로 이루어져 있습니다. 그것은 무엇인가요? 두 질문은 서로 어떤 관계가 있을까요?

2 이 비유는 사람과 하나님을 비교하고 있습니다. 무엇을 비교하나요? 이것을 통해 알 수 있는 내용은 무엇인가요?

3 이 비유가 궁극적으로 말하고자 하는 내용은 무엇인가요? 주기도문과 관련하여 설명해 보세요.

이 비유 역시 분명한 메시지를 담고 있습니다. 양식이 부족한 사회에서 아이들이 배고파 아버지에게 최소한의 음식인 빵 한 조각을 달라고 할 때, 세상 아버지라도 먹지 못할 것을 아들에게 주지 않습니다. 돌이 빵과 비슷하게 생겼고, 둘둘 말린 전갈이 알과 비슷하게 생겼다고 해도 아버지가 자식에게 돌이나 전갈을 주는 경우는 없습니다. 생선 대신에 뱀을 주는 경우는 절대 없습니다. 예수님은 다시 한번 하나님은 간청해야 들어주는 인색한 분이 아니라고 설명하십니다. 세상 아버지는 전부 본성상 이기적이고 악한 성품을 가졌습니다. 그런데도 자식이 무엇을 달라고 하면 아버지들은 악한 성품을 따르지 않고 너그럽게 아들을 대합니다. 악한 아버지라도 자식을 사랑하는 것이 당연하다면, 선하시고 은혜와 자비가 풍성하신 하나님 아버지는 더욱 넉넉한 사랑으로 자녀들을 대할 것입니다.

　예수님은 의미를 점점 넓고 강하게 강조하는 점층법을 사용하여 하나님 아버지의 자비로우심을 강조합니다. 악한 아버지라도 자식에게 좋은 것을 주는 것이 당연하다면, '하물며' 그들보다 선하고 너그럽고 관대하신 하늘 아버지는 자녀들에게 좋은 것을 얼마나 더 많이 주시겠느냐는 것입니다. 구하는 자에게 하나님은 성령님도 주십니다. 성령님은 구약 이스라엘 백성들이 오랫동안 갈망해 왔던 하나님의 종말론적 선물입니다. 말세가 언제 올지 몰라 애태우며 수백 년간 간구해왔던 성령 강림의 기도를 하늘 아버지는 들으시고 응답해 주십니다. 얼마 있지 않아 오순절이 되면 제자들은 마침내 성령을 선물로 받습니다. 성령님까지 주시는 아버지는 다른 것도 얼마든지 주실 것이 분명합니다. 성령을 주신 하나님 아버지가 왜 다른 것은 안 주시겠습니까?

　예수님은 당시 유대인들에게 하나님이 아버지라는 이해가 전혀 없는 것을 아셨습니다. 유대인들은 하나님께 기도했지만 하나님을 친밀한 아버지로는 알지 못했습니다. 그렇기 때문에 제자들에게 주기도문을 가르쳐 주실 때 제일 먼저 "하늘에 계신 우리 아버지"라고 부르게 했습니다. 하나님을 '아빠' 아버지로 인식하고 하나님께 나아가 소원을 아뢰라는 것입니다. 자녀와 아버지는 사랑과 신뢰라는 인격적 관계가 성립된 터 위에서 교제합니다. 친구 사이에 확실한 우정으로 필요한 떡을 주는 것처럼 아버지는 아들의 요구를 친밀하게 들어주십니다.

예수님의 비유에서 '친구'와 '아버지와 아들'이 등장한 것은 하나님이 기도하는 사람들을 환대하시고, 후하게 대우하시고, 호의를 베푸신다는 사실을 강조하기 위해서입니다. 하나님은 끈질기게 간청하는 것을 귀하게 보시기보다는 아버지를 신뢰하는 자녀와의 인격적 관계를 더 중요시하십니다. 주기도문은 '하늘에 계신 우리 아버지'로 시작하고 여러 간구를 한 다음에 끝이 납니다. 주기도문이 끝난 뒤에 예수님은 하나님이 그 기도에 응답하신다는 확신을 친구 비유와 아버지와 아들 비유로 확증하십니다.

3. 구하라, 찾으라, 문을 두드리라

이 교훈은 어떤 맥락에서 사용되었는지에 따라 의미가 달라집니다. 마태복음 7장에 나오는 '구하라, 찾으라, 문을 두드리라'는 말씀은 단순히 기도하라는 의미에 앞서 그 전에 설명해 주신 산상수훈의 말씀을 깊이 묵상하고 실천하여 하나님 나라를 구하라고 가르치신 것입니다. 그러나 누가복음 11장에 나오는 이 말씀은 앞뒤의 두 비유를 확인해 주는 격언입니다. 즉 기도하면 응답해 주신다는 교훈의 말씀입니다. 그러므로 기도에 관한 말씀을 전할 때는 기도의 문맥에 맞는 누가복음의 말씀을 사용해야 합니다.

(누가복음 11:9-10) ⁹ 내가 또 너희에게 이르노니 구하라 그러면 너희에게 주실 것이요 찾으라 그러면 찾아낼 것이요 문을 두드리라 그러면 너희에게 열릴 것이니 ¹⁰ 구하는 이마다 받을 것이요 찾는 이는 찾아낼 것이요 두드리는 이에게는 열릴 것이니라.

1 이 격언은 시적 표현으로 되어 있습니다. 히브리 시의 어떤 형식을 따르고 있나요? 이런 표현 기법을 통해 강조하고자 하는 것은 무엇일까요?

2 '구하라, 찾으라, 문을 두드리라'와 '그러면 … 할 것이요'의 두 문장 가운데 어떤 문장에 더 강조점이 있나요? 왜 그럴까요?

3 이 격언에서 강조하고자 하는 바는 무엇일까요?

이 말씀은 히브리 시 형식을 띄고 있습니다. 히브리 시는 같은 의미를 두 번 반복하는 평행법을 자주 사용합니다. 우리가 잘 알고 많이 묵상하는 시편은 모두 평행법으로 기록되었습니다. 평행법은 일부 선지서에서도 발견됩니다. 청중들의 기억을 돕는 효과적인 문학 장치이자 방법이기 때문입니다. 또한 이 말씀은 점층법을 사용합니다. 점층법은 말하고자 하는 내용의 비중이나 강도를 점차 높이거나 넓혀 그 뜻을 강조하는 표현 기법입니다. 청중이나 독자를 설득하거나 감동을 주는 데 효과적입니다. '구하라, 찾으라, 문을 두드리라'처럼 점점 더 강하게 표현하는 것입니다. 이런 표현 기법을 통해 말하고자 하는 저자의 의도는 구하고, 찾고, 문을 두드리면 항상 반드시 응답받는다는 것입니다. 그러므로 '~하라'는 부분보다 '그러면 ~할 것이요' 부분이 더 강조됩니다. 두 번째 연에서 '~하는 이마다 ~할 것이요'가 강조되는 부분이 무엇인지 더 잘 보여줍니다.

예수님은 하나님께 기도할 용기가 없는 사람이나 자신의 기도 내용이 주기도문에서 가르치는 것과 달라서 실망하는 사람, 특히 주기도문으로 기도할 경우 하나님으로부터 기도 응답이 올지 몰라 불안해하는 사람에게 용기를 주십니다. 기도를 권하는 데 초점이 있습니다. 누구든지 자녀로서 하나님께 정당한 것을 구하기만 하면 구한 것을 얼마든지 하나님께로부터 받을 수 있습니다. 구하는 이는 받고, 찾는 이는 찾고, 두드리는 이에게는 열리기 때문입니다.

누가복음 11장 5~11절에서 소개된 두 가지 비유와 한 가지 격언은 당연히 주기도문과 연결됩니다. 주기도문이 주는 교훈은 분명합니다. 우리가 하나님께 기도하면 하나님은 언제든지 응답하십니다. 우리에게 기도할 마음과 확신을 주며, 기도할 때 하나님을 바라보게 하는 주기도문은 진정한 기도의 지침입니다. 우리는 이것을 알고 아버지이신 하나님께 담대히 나아가 기도해야 합니다.

묵상과 질문

1. 우리가 주기도문에 대해 갖는 부정적인 선입견이 있습니다. 그것은 무엇일까요? 그런 부정적인 생각을 왜 갖게 되었나요? 극복하는 방법은 무엇일까요?

2. 성경은 문화적 배경과 문맥에 따라 해석해야 바르게 이해할 수 있습니다. '간청함'이 가지는 의미를 다시 확인해 보세요. 부탁을 받아 떡을 주어야 하는 친구의 문제가 아니라 떡 덩어리를 부탁하는 친구의 문제가 된다면 전체 문맥은 어떻게 의미가 달라지나요?

3. '구하라, 찾으라, 문을 두드리라'는 말씀이 기록된 두 곳을 찾아보세요. 두 저자가 같은 의미로 사용했나요? 아니면 다른 의미로 사용했나요? 왜 그런지 이유를 나누어 보세요.

12과

기도에 관한 예수님의 가르침 (2)

예수님은 한적한 곳에서 기도하셨습니다. 주님이 사람의 방해를 받지 않고 오직 하나님 아버지와 친밀한 교제를 나누기에 적절한 장소를 택해서 기도하셨다는 말씀입니다. 우리말로 번역된 '한적한 곳'은 사람이 없는 곳, 즉 구약 상황에서 보면 광야입니다. 광야를 장소 관점에서 해석해 보면 더 심오한 뜻이 있습니다. 광야는 죽음의 장소입니다. 광야에는 생명 유지에 필요한 물이 없고, 목적지를 찾아갈 길이 보이지 않습니다. 물 없이 길을 잃으면 그저 죽게 되는 곳이 광야입니다. 이곳에서의 기도란 무슨 의미입니까? 생명을 갈구하는 간절하고 절박한 절대적인 기도입니다. 하나님만 의지하고 하나님의 도우심이 없으면 죽을 것 같다는 기도입니다. '사슴이 시냇물을 찾기에 갈급함 같은'(시 42:1) 기도요, '내가 간절히 주를 찾되 물이 없어 마르고 황폐한 땅에서 주를 갈망하는'(시 63:1) 기도입니다. 이렇게 기도하신 주님이 제자들에게는 어떻게 기도하라고 가르쳤을까요?

주님이 제자들에게 기도의 모범으로 가르치신 것이 주기도문입니다. 우리는 이미 그 의미를 살펴보았습니다. 그런데 주님은 이것으로만 끝내지 않으셨습니다. 복음서에는 제자들에게 말씀하시는 주님의 기도 정신이 드러나는 본문이 있습니다.

1. 항상 기도하고 낙심하지 말라

우리는 기도하다가 낙심하기도 합니다. 기도의 응답이 더디올 때 기다리지 못하고 지쳐버립니다. 그리고 하나님을 원망하거나 자책합니다. 이후 기도의 삶은 완전히 변합니다. 기도하지 않거나 기도해도 마음을 담지 못한 채 형식적으로 기도합니다. 여러분은 어떤가요? 하나님이 내 기도에 응답해 주시는 분이시기에 늘 감사하고 기쁜 마음으로 인내하며 기도하나요? 아니면 기도 응답이 없어 늘 실망하고 지쳐버려 게을리 기도하나요?

(누가복음 18:1-8) [1] 예수께서 그들에게 항상 기도하고 낙심하지 말아야 할 것을 비유로 말씀하여 [2] 이르시되 어떤 도시에 하나님을 두려워하지 않고 사람을 무시하는 한 재판장이 있는데 [3] 그 도시에 한 과부가 있어 자주 그에게 가서 내 원수에 대한 나의 원한을 풀어 주소서 하되 [4] 그가 얼마 동안 듣지 아니하다가 후에 속으로 생각하되 내가 하나님을 두려워하지 않고 사람을 무시하나 [5] 이 과부가 나를 번거롭게 하니 내가 그 원한을 풀어 주리라 그렇지 않으면 늘 와서 나를 괴롭게 하리라 하였느니라 [6] 주께서 또 이르시되 불의한 재판장이 말한 것을 들으라 [7] 하물며 하나님께서 그 밤낮 부르짖는 택하신 자들의 원한을 풀어 주지 아니하시겠느냐 그들에게 오래 참으시겠느냐 [8] 내가 너희에게 이르노니 속히 그 원한을 풀어 주시리라 그러나 인자가 올 때에 세상에서 믿음을 보겠느냐 하시니라.

1 주님이 말씀하신 비유에 등장하는 두 사람은 누구인가요? 이들의 신분과 삶에는 어떤 차이가 있나요? 두 사람의 모습과 관계를 통해서 말씀하시고자 하는 의도는 무엇일까요?

2 하나님을 두려워하지 않고 사람을 무시하던 재판장은 무엇 때문에 과부의 청원을 들어 주었나요? 과부가 청원하는 모습은 어떠했나요? 그녀는 왜 그렇게 재판장을 번거롭게 했나요? 여기서 배운 기도의 중요성은 무엇인가요?

3 하나님이 밤낮 부르짖는 택하신 자들의 원한을 풀어 주신다는 것을 본문은 어떻게 표현하나요? '하물며'의 의미가 무엇일까요?

4 "인자가 올 때에서 세상에서 믿음을 보겠느냐"고 주님이 말씀하신 이유는 무엇일까요? 이 비유가 강조하는 중요한 교훈은 무엇인가요?

본문의 비유에서 주님이 가르쳐주신 기도의 정신은 항상 기도하고 낙심하지 말라는 것입니다. '항상'과 '낙심하지 말고'가 중요한 단어입니다. '항상'과 '낙심'은 서로 대조되는 단어입니다. '항상 기도하라'는 권면은 그 다음에 나오는 '낙심하지 말라'는 문구로 인해 늘 어렵습니다. 기도하다가 낙심이 되기 때문에 항상 기도하지 못하게 됩니다. 결국 그런 태도의 기도는 응답받지 못합니다. 무엇이 우리를 낙심하게 할까요?

기도에 관한 권면(눅 18:1)과 믿음의 견지(堅持)에 관한 권면(눅 18:8) 사이에 이 비유를 말함으로 누가는 기도 응답은 수동적으로 기다리는 것이 아니라 능동적으로 찾는 것임을 교훈합니다.

주님은 하나님께 어떤 기도 제목을 놓고 간구할 때 응답이 더디다고 생각하여 지레 포기하거나 낙심하지 말라고 말씀하십니다. 오히려 항상 기도하라고 하십니다. 인내하는 기도를 말씀하십니다. 이것을 알려주기 위해 비유를 사용하십니다. 이 비유의 배경은 재판입니다. 재판장과 과부가 등장합니다. 당시 사회를 보면 두 사람의 사회적 신분은 정반대입니다. 재판장은 존경을 받으며 가장 중요한 일인 송사를 해결해 주는 지혜로운 사람입니다. 반면 고아와 과부는 의탁할 곳이 없고 무력한 자의 표본으로, 공동체의 보호와 도움이 없으면 생존하기 힘든 사회적 약자입니다. 구약에서는 이런 사람들을 압제하지 말고 보호하라는 명령을 반복합니다(출 22:22; 신 10:18; 욥 22:9; 렘 22:3). 비유에서 사회적 강자와 약자의 등장은 결과를 예측하게 합니다. 재판장은 당연히 과부의 요청에 친절하며 호의적이어야 한다는 것입니다. 그러나 예수님은 이 재판장이 하나님을 두려워하지 않고 사람을 무시하는 사람이라고 말합니다. 한마디로 악인이라는 것입니다. 그는 하나님을 모르니 당연히 사람도 무시합니다. 세상 권력을 가진 사람의 전형으로서 자신에게 이익이 되지 않으면 원한을 갚아주는 정당한 판결을 내리지 않는 사람입니다. 가련한 청원을 하는 과부는 재판장에게 전혀 존재감이 없고 계속 무시당했을 것입니다.

그런데 갑자기 악한 재판장의 마음이 바뀌어 원한을 풀어주기로 결심합니다. 그 이유는 첫째, 과부가 자주 재판장에게 와서 자기 원한을 풀어달라고 청원하면서 재판장을 번거롭게 했기 때문입니다. 둘째, 탄원을 받아줄 때까지 과부가 자신을 계속해서 번거롭게 할 것이라고 재판장이 판단했기 때문입니다. 항상 쉬지 않고 탄원하는 과부의 끈질긴 노력이 악한 재판장의 마음을 바꿨습니다. 주님이 제자들에게 가르쳐 주시고자 하는 기도의 정신이 이것입니다. 우리가 보기에 기도는 쉽게 응답되지 않는 것 같을 때가 훨씬 많습니다. 들어주지 않는 것 같다고 해서 낙심하여 포기하지 말라는 것입니다.

주님은 이어서 결론을 내리십니다. '불의한 재판장이 말한 것을 들으라. 하물며 하나님은 안 들어 주시겠느냐?'라고 말씀하시며 불의한 재판장과 하나님을 비교합니다. 인간이면서 악한 권력을 가진 자와 선한 권능의 하나님은 정반대입니다. 누가복음 11장 13절의 "너희가 악할지라도 좋은 것을 자식에게 줄 줄 알거든 하물며 너희 하늘 아버지께서 구하는 자에게 성령을 주시지 않겠느냐?"는 말씀과 동일한 말씀입니다. '악한 재판장도 응답했는데 하물며 하늘의 하나님 아버지께서 밤낮 부르짖는 택하신 자녀의 원한을 풀어 주시지 않겠느냐?'는 뜻입니다. 악한 재판장에서 하나님 아버지로 올라가는 점층법을 통해 분명한 의미를 전달합니다. 하나님은 반드시 응답하십니다. "내가 너희에게 이르노니 속히 그 원한을 풀어 주시리라"(눅 18:8a).

주님은 이어지는 말씀에서 "그러나 인자가 올 때에 세상에서 믿음을 보겠느냐?"(눅 18:8b)고 하십니다. 주의 재림이 늦어짐에 따라 많은 사람들이 세상 풍조에 휩쓸려 신령한 믿음의 길을 포기할 것이라는 예측이 담겨 있습니다. 항상 기도하고 낙망치 않는 기도 자세를 유지하는 실천적인 믿음을 가진 자가 적다는 말씀입니다. 우리에게 큰 경고가 됩니다. 여러분은 어떠하십니까? 주님 오시기를 기다리며 믿음의 길을 걸어가며 주님의 가르침대로 비록 낙심되는 상황일지언정 포기하지 않고 항상 기도하십니까? 아니면 하나님을 판결을 지체하는 불의한 재판장으로 생각하고 응답을 안 해주신다고 화가 나 낙심한 상태입니까?

2. 자기를 낮추는 자는 높아지리라

바리새인과 세리의 기도 비유는 앞에서 설명한 과부 비유와 쌍을 이루어 기도에 관한 주님의 가르침을 담고 있습니다. 악한 재판장과 과부가 대조를 이루듯 바리새인과 죄인의 대명사인 세리도 서로 대조를 이룹니다. 이런 등장 인물 구성을 통해 주님은 말씀하시고자 하는 의미를 극대화시키십니다.

자기가 의롭다고 믿는 사람은 다른 사람을 자기 기준에 따라 하대하거나 멸시합니다. 대표적인 부류가 바리새인이었습니다. 그들은 철저한 경건생활로 자신을 높이는 사람이었습니다. 이들이 주로 예수님을 반대하고 거부하였습니다. 그들은 하나님 앞에서 죄인이라는 고백이나 회개 없이 기도합니다. 그러므로 그들의 기도는 기도가 아니며 오직 자신의 행위에 대한 자랑이었습니다.

> (누가복음 18:9-14) [9] 또 자기를 의롭다고 믿고 다른 사람을 멸시하는 자들에게 이 비유로 말씀하시되 [10] 두 사람이 기도하러 성전에 올라가니 하나는 바리새인이요 하나는 세리라 [11] 바리새인은 서서 따로 기도하여 이르되 하나님이여 나는 다른 사람들 곧 토색, 불의, 간음을 하는 자들과 같지 아니하고 이 세리와도 같지 아니함을 감사하나이다 [12] 나는 이레에 두 번씩 금식하고 또 소득의 십일조를 드리나이

다 하고 [13] 세리는 멀리 서서 감히 눈을 들어 하늘을 쳐다보지도 못하고 다만 가슴을 치며 이르되 하나님이여 불쌍히 여기소서 나는 죄인이로소이다 하였느니라 [14] 내가 너희에게 이르노니 이에 저 바리새인이 아니고 이 사람이 의롭다 하심을 받고 그의 집으로 내려갔느니라 무릇 자기를 높이는 자는 낮아지고 자기를 낮추는 자는 높아지리라 하시니라.

1 이 비유에 등장하는 두 사람은 어떤 사람들인가요? 이들의 차이점은 무엇인가요?

2 바리새인의 기도는 어떤 내용을 담고 있나요? 그의 기도에 결여된 것은 무엇인가요? 바리새인의 기도 태도를 기록해 보세요.

3 세리는 왜 하늘을 우러러 보지도 못하고(당시의 기도습관), 가슴을 치며 기도하고 있었나요? 세리의 기도를 보면서 하나님이 진정 원하시는 기도는 무엇이라고 생각하나요?

4 주님이 말씀하시는 이 비유의 핵심은 무엇일까요? 9절과 14절을 묵상하면서 기록해 보세요.

이 기도 비유도 두 사람을 비교하면서 의미를 전달합니다. 기도 자세를 다룬다는 점에서 앞의 비유와 유사합니다. 남과 비교하여 자신의 장점을 들먹이며 하나님 앞에서 자신의 행위에 의지하여 자기 자랑을 늘어놓는 이기적이고 교만한 기도는 무의미합니다. 오히려 자신의 허물을 깊이 뉘우치며 오직 주님의 긍휼을 구하는 기도가 참된 기도임을 보여줍니다. 그러나 이 비유는 거기서 그치지 않고 인간의 기도에 대한 하나님의 반응을 보여주며 바른 기도 태도를 제시합니다. 남을 무시하며 자기 행위를 자랑하는 기도는 결코 하나님의 응답을 기대할 수 없다고 알려줍니다. 동시에 기도의 본질은 자신이 죄인임을 바르게 깨달은 후 오로지 하나님의 자비를 구하는 것이어야 한다고 가르쳐줍니다. 아울러 이 비유는 두 기도자의 역전을 통해(눅 18:14) 세리와 같은 가난한 약자를 향한 하나님의 관심과 사랑을 새삼 증명합니다.

당시 대다수 바리새인은 위선과 교만으로 무장한 채 종교적으로나 사회적으로 소외받던 약자들을 무시하고 정죄하기를 서슴지 않았습니다. 바리새인들의 잘못은 두 가지입니다. 먼저, 자기 의를 내세웁니다. 이 세상 그 누구도 스스로 의를 자랑할 수 없는 죄인들임에도 바리새인들은 자기 의를 내세우니 하나님 앞에 가증스러울 뿐입니다. 이 분명한 사실에도 불구하고 자기 의를 고집하는 것은 진리를 추구하는 객관적인 열정이라기보다는 종교적인 인정 욕구에서 비롯된 것입니다. 둘째, 다른 사람을 멸시합니다. 자기 스스로 의의 수준에 도달했다고 자만하는 자는 그러한 수준에 이르지 못한 사람을 공공연히 혹은 무의식적으로 경멸하기 쉽습니다. 그러나 오직 하나님의 은혜로 의롭게 된 사람은 겸손하며 타인을 멸시하기보다 긍휼히 여깁니다.

바리새인이 기도하기 위해 성전에 올라갑니다. 그는 서서 따로 기도합니다. 스스로를 구별합니다. 그리고 하나님 앞에서 자기가 악한 죄인들과 세리와 같지 않아 감사하다고 고백합니다. 벌써 자신을 내세우고 스스로를 높이고 구별합니다. 금식하고 십일조 드리는 것을 자랑하듯이 말합니다. 유대법에 의하면 금식은 1년에 한 번 속죄일에 행하게 되어 있었습니다. 그런데 특별한 은총을 원하는 자들은 매주 월요일과 목요일에도 금식했습니다. 예루살렘에 장이 서는 날 얼굴을 희멀겋게 하고 헝클어진 머리에 구겨진 옷을 입고 큰 거리에 나와 자신들의 경건을 자랑하였습니다. 바리새인은 십일조를 철저히 지킨 것을 내세우며 하나님께 보답을 요구하는 듯합니다. 이는 십일조가 모든 소유의 주인이 하나님이요, 자기는 청지기에 불과함을 고백하는 행위라는 것을 알지 못한 행동입니다.

반면에 세리는 멀리서서 감히 눈을 들어 하늘을 우러러 보지 못하고 가슴을 치며 기도합니다. 앞에서 본 바리새인의 당당함이 전혀 없습니다. 가슴을 친다는 것은 죄의 근원지인 마음을 치는 깊은 참회와 애통을 나타냅니다. 그는 세리라는 직업으로 저질러 온 죄 많은 생활을 청산하고, 그동안 그가 사람들에게서 착복한 금액에 율법에 명시된 배상액까지 합해 갚고자 하는 굳은 결의가 암시되어 있습니다. 그래서 그는 자신이 죄인이라고 고백하면서 불쌍히 여겨달라고 하나님의 자비를 구합니다. 모두가 죄인임에도 불구하고 바리새인은 자신의 경건함을 하나님 앞에 자랑하는 기도를 한 반면, 세리는 자신의 잘못을 인정하고 하나님의 자비와 용서를 구했습니다.

당시의 관념과는 정반대로 예수님은 바리새인이 아니라 세리가 의롭다고 인정하십니다. 바리새인들은 하나님께서 인간의 공로에 따라 역사하신다고 생각했습니다. 본문의 세리는 오직 하나님의 은혜로만 구원에 이를 수 있음을 믿었습니다. 또한 하나님은 자기와 같은 죄인에게도 은혜를 베풀어주시는 자비로운 분이라는 소망을 가졌습니다. 인간의 높아짐과 낮아짐은 인간 스스로의 능력에 의한 것이 아니고 어디까지나 배후에서 역사하시는 하나님에 의해 이루어집니다(롬 9:21). 따라서 겸손히 하나님을 인정하며 그분께 우리의 모든 것을 맡기고 이웃을 존귀하게 여기는 삶이 진정으로 자신을 높이는 길임을 잊지 말아야 합니다.

3. 시험에 들지 않게 깨어 기도하라

주기도문에서 예수님은 제자들에게 '시험에 들게 하지 마시옵고 다만 악에서 구하시옵소서'(마 6:13)라고 기도하라고 가르쳐주셨습니다. 그렇다면 우리가 시험에 들지 않게 해달라고 기도만 하면 시험에 들지 않을까요? 그렇지 않다는 것을 잘 알 것입니다. 본문에는 주님이 인류 역사상 가장 큰 시험을 앞두고 마지막으로 행하신 일이 기록되어 있습니다. 그것은 무엇입니까? 바로 깨어 하나님께 기도하는 일이었습니다.

(누가복음 22:39-46) ³⁹ 예수께서 나가사 습관을 따라 감람 산에 가시매 제자들도 따라갔더니 ⁴⁰ 그 곳에 이르러 그들에게 이르시되 유혹에 빠지지 않게 기도하라 하시고 ⁴¹ 그들을 떠나 돌 던질 만큼 가서 무릎을 꿇고 기도하여 ⁴² 이르시되 아버지여 만일 아버지의 뜻이거든 이 잔을 내게서 옮기시옵소서 그러나 내 원대로 마시옵고 아버지의 원대로 되기를 원하나이다 하시니 ⁴³ 천사가 하늘로부터 예수께 나타나 힘을 더하더라 ⁴⁴ 예수께서 힘쓰고 애써 더욱 간절히 기도하시니 땀이 땅에 떨어지는 핏방울 같이 되더라 ⁴⁵ 기도 후에 일어나 제자들에게 가서 슬픔으로 인하여 잠든 것을 보시고 ⁴⁶ 이르시되 어찌하여 자느냐 시험에 들지 않게 일어나 기도하라 하시니라.

1 예수님은 습관을 따라 어디에 가셔서 무엇을 하셨나요? 이런 일을 왜 하신다고 생각하나요?

2 예수님이 기도하신 내용은 무엇인가요? 그분의 기도 모습을 성경은 어떻게 묘사하고 있나요?

3 기도하시는 예수님이 제자들에게 무엇을 권면하셨나요? 이 말씀은 제자들에게 어떤 영향을 주었을까요? 이후에 예수님이 잡히셨을 때 상황을 염두에 두고 이 말씀을 묵상한다면 우리에게 어떤 의미가 될까요?

　예수님은 우리에게 기도의 모범이 되는 분입니다. 체포되어 심문을 당하시기 전, 제자들과 함께 하는 마지막 시간에 기도하셨습니다. 예수님은 습관을 따라 감람산 겟세마네 동산으로 자리를 옮기셨습니다. 주님이 제자들과 늘 기도하는 자리였던 것 같습니다. 그런데 이번만큼은 평소와 달랐습니다. 예수님은 이곳에서 체포될 것을 아시고, 자기 몸을 죄인들을 위한 대속물로 주시기 위해 이 산에 오르셨습니다. 인류 역사상 가장 큰 시험이 예수님을 기다리고 있었기에 예수님과 제자들은 시험에서 이기기 위해 기도에 힘써야 했습니다.

　마태복음과 마가복음을 보면 예수님은 다른 제자들을 떠나 베드로, 요한, 야고보와 함께 기도하셨습니다. 주님은 세 제자들로부터 조금 떨어져 하나님 아버지께 단독으로 기도하셨습니다. 십자가 고난을 앞두고 하나님과 깊은 대화를 나누고 싶었던 것입니다. 예수님의 기도는 철저히 자기와의 싸움이었습니다. 예수님은 고난을 피하지 않으려 하시면서 오직 하나님의 뜻만 이루어지기 원하는 모범적인 기도를 드리셨습니다. 얼마나 간절히 기도하셨는지 천사가 하늘로부터 나타나 기도할 힘을 더했습니다. 성경은 예수님이 '힘쓰고 애써 더욱 간절히 기도'(눅 22:44)하셨다고 말합니다. 인성을 지니신 예수님은 십자가 고난이 큰 고민이 되어 시험에 빠지지 않도록 온 힘을 기울여 하나님께 기도드렸습니다 여기에 기도의 정신이 있습니다. 시험에 빠지지 않게 힘쓰고 애써야 합니다. 더욱 간절히 기도해야 합니다. 예수님의 기도는 목숨을 건 듯한 간절한 기도였습니다. 누가는 땀이 땅에 떨어지는 핏방울같이 되었다고 묘사합니다.

예수님은 제자들에게 '유혹(시험)에 빠지지 않게 기도하라'(눅 22:40)고 당부하셨습니다. 예수님은 제자들과 함께 기도하여 자기 짐을 덜려고 했다기 보다는 다가오는 큰 시험 앞에서 제자들이 담대하게 마음을 정리하고 두려움에 빠지지 않기를 바라셨습니다. 그러나 결과는 그렇지 못했습니다. 나중에 베드로는 고난에 빠진 교회를 위한 권면에서 자신의 경험을 회고하면서 이렇게 기록했습니다.

> (베드로전서 5:8-11) [8] 근신하라 깨어라 너희 대적 마귀가 우는 사자 같이 두루 다니며 삼킬 자를 찾나니 [9] 너희는 믿음을 굳건하게 하여 그를 대적하라 이는 세상에 있는 너희 형제들도 동일한 고난을 당하는 줄을 앎이라 [10] 모든 은혜의 하나님 곧 그리스도 안에서 너희를 부르사 자기의 영원한 영광에 들어가게 하신 이가 잠깐 고난을 당한 너희를 친히 온전하게 하시며 굳건하게 하시며 강하게 하시며 터를 견고하게 하시리라 [11] 권능이 세세무궁하도록 그에게 있을지어다 아멘.

주님은 재림 전에 제자들이 어떠한 삶의 태도를 가져야 할지 말씀하셨습니다. 한마디로 요약하면 항상 기도하며 깨어 있어야 한다는 것입니다. 그렇지 않으면 마귀와 세상, 우리 자신의 정욕 때문에 눈이 멀게 됩니다.

(누가복음 21:34-36) ³⁴ 너희는 스스로 조심하라 그렇지 않으면 방탕함과 술취함과 생활의 염려로 마음이 둔하여지고 뜻밖에 그날이 덫과 같이 너희에게 임하리라 ³⁵ 이 날은 온 지구상에 거하는 모든 사람에게 임하리라 ³⁶ 이러므로 너희는 장차 올 이 모든 일을 능히 피하고 인자 앞에 서도록 항상 기도하며 깨어 있으라 하시니라.

주님이 가르쳐주신 기도의 정신은 시험에 빠지지 않게 깨어 기도하는 것입니다. 주님의 재림을 기다리는 성도에게는 우는 사자처럼 돌아다니는 사탄의 공격이 항상 있습니다. 성도는 세상 염려와 환락으로 방탕해질 수 있습니다. 과도한 정욕 때문에 하나님 말씀에서 멀어져 시험에 빠질 수도 있습니다. 그렇게 연약한 성도들에게 주님은 기도하라고 말씀하십니다. 어둠 가운데 빠지지 않으려면 깨어 있어야 합니다. 시험에 들지 않고 이기려면 기도해야 합니다. 기도하는 사람은 자신에게 닥친 상황을 주님의 조명 아래 바르게 깨닫고, 주님의 지혜로 대처할 능력을 얻게 됩니다. 주님의 날이 다가올수록 세상은 점점 시험으로 가득해집니다. 재물의 유혹과 염려로 기도에 지칩니다. 세상과 사탄의 영향력에 점점 무뎌져서 믿음 생활의 깊이가 떨어집니다. 주님은 그날이 덫과 같이 너희에게 임할 것이라고 경고하십니다. 항상 기도하고 깨어 있어야 하는 중요한 이유입니다.

묵상과 질문

1. 우리가 기도할 때 낙심하게 만드는 상황에는 무엇이 있을까요? 자신이 인내하지 못하고 중도에 포기한 기도와 관련한 내용이 있다면 나누어 보세요.

2. 하나님은 겸손한 자의 기도를 무엇 때문에 원하시나요? 주님이 기뻐하시는 기도가 무엇이라고 생각하나요? 내가 드리는 기도는 주님이 기뻐하실까요?

3. 시험이 올 때 준비되어 있지 않으면 상황을 이해하지 못하고 무방비로 당합니다. 무엇을 어떻게 해야 할지 모를 때도 많습니다. 주님은 시험에 빠지지 않게 깨어 기도하라고 말씀하셨습니다. 기도할 때 시험에 빠지지 않고 깨어 있게 되는 이유는 무엇일까요? 혹시 자신이 경험한 바가 있다면 나누어 보세요.

13과

다윗의 회개하는 기도

하나님은 어떤 기도에 응답하실까요? 하나님 마음에 합한 기도입니다. 하나님 마음에 합하면서 하나님 마음을 움직이는 기도야말로 위대한 기도입니다. 우리가 기도하는 이유는 우리가 죄인이기 때문입니다. 만약 우리가 기도 없이 무슨 일을 한다면 그 일은 죄를 먹고 마시는 일이 될 수밖에 없습니다. 그러므로 모든 성도에게 기도는 필수입니다.

다윗은 전 생애에 걸쳐서 하나님의 뜻을 생각하며 하나님 마음에 합하도록 노력한 사람입니다. 그는 고난과 눈물 속에서 하나님 마음을 알아가며 기도를 배웠습니다. 지식과 이론으로 기도를 배운 것이 아니라 죽음의 고비를 넘기는 지독한 고난의 삶을 통해 기도를 배웠습니다. 젊었을 때는 장인인 사울 왕에게 고난을 받아 하나님을 의지하며 기도를 배웠고, 나이가 들어서는 자기가 지은 죄의 결과로 하나님께 징벌을 받아 험한 고난의 세월을 보내며 기도를 배웠습니다. 우리는 이런 다윗의 모습을 통해 기도하는 법을 배울 수 있습니다. 특히 밧세바를 간음하고 그녀의 남편 우리야를 교살한 죄를 깨닫고, 제왕인데도 회개하는 기도로 삶이 변화된 일은 우리 기도생활에도 모범이 됩니다.

1. 하나님이 주의 인자를 따라 내게 은혜를 베푸소서

　기도는 죄를 이기는 길입니다. 회개 기도에는 이미 지은 죄까지 용서받는 능력이 있습니다. 그러나 죄는 우리가 기도를 잊어버리는 순간 소리 없이 찾아와 우리를 지배합니다. 다윗이 그랬습니다. 당연히 출전해야 할 전쟁에 부하를 보낸 후 한가하게 시간을 보내던 때에 문제가 발생합니다. 전쟁터가 아니라 왕궁에서 문제가 생겼습니다. 강한 욕구가 다윗을 소리 없이 사로잡았습니다. 결국 부하의 아내를 탐하여 범하고 부하를 교살합니다. 다윗답지 않게 무서운 죄악을 범한 것입니다. 다윗은 하나님을 향한 영적 감각이 죽어 있었습니다. 오직 아름다운 밧세바만 눈에 아른거렸습니다. 아무리 기도에 충실한 사람일지라도 한순간에 기도의 감각과 능력을 완전히 잃어버릴 수 있습니다. 그래서 과거의 신앙과 기도생활을 자랑해서는 안됩니다. 오늘 근신하지 않으면 누구나 다윗처럼 죄악에 깊이 빠질 수 있습니다. 다윗은 그 이후로 아무 일도 없었던 것처럼 제왕적인 삶을 계속 영위했습니다. 이런 파렴치한 다윗은 하나님을 속일 수 있었을까요?

　(시편 51:1-19) ¹ 하나님이여 주의 인자를 따라 내게 은혜를 베푸시며 주의 많은 긍휼을 따라 내 죄악을 지워 주소서 ² 나의 죄악을 말갛게 씻으시며 나의 죄를 깨끗이 제하소서 ³ 무릇 나는 내 죄과를 아오니 내 죄가 항상 내 앞에 있나이다 ⁴ 내가 주께만 범죄하여 주의 목전에 악을 행하였사오니 주께서 말씀하실 때에 의로우시다 하고 주께서 심판하실 때에 순전하시다 하리이다 ⁵ 내가 죄악 중에서 출생하였음이여 어머니가 죄 중에서 나를 잉태하였나이다 ⁶ 보소서 주께서는 중심이 진실함을 원하시오니 내게 지혜를 은밀히 가르치시리

이다 ⁷ 우슬초로 나를 정결하게 하소서 내가 정하리이다 나의 죄를 씻어 주소서 내가 눈보다 희리이다 ⁸ 내게 즐겁고 기쁜 소리를 들려주시사 주께서 꺾으신 뼈들도 즐거워하게 하소서 ⁹ 주의 얼굴을 내 죄에서 돌이키시고 내 모든 죄악을 지워 주소서 ¹⁰ 하나님이여 내 속에 정한 마음을 창조하시고 내 안에 정직한 영을 새롭게 하소서 ¹¹ 나를 주 앞에서 쫓아내지 마시며 주의 성령을 내게서 거두지 마소서 ¹² 주의 구원의 즐거움을 내게 회복시켜 주시고 자원하는 심령을 주사 나를 붙드소서 ¹³ 그리하면 내가 범죄자에게 주의 도를 가르치리니 죄인들이 주께 돌아오리이다 ¹⁴ 하나님이여 나의 구원의 하나님이여 피 흘린 죄에서 나를 건지소서 내 혀가 주의 의를 높이 노래하리이다 ¹⁵ 주여 내 입술을 열어 주소서 내 입이 주를 찬송하여 전파하리이다 ¹⁶ 주께서는 제사를 기뻐하지 아니하시나니 그렇지 아니하면 내가 드렸을 것이라 주는 번제를 기뻐하지 아니하시나이다 ¹⁷ 하나님께서 구하시는 제사는 상한 심령이라 하나님이여 상하고 통회하는 마음을 주께서 멸시하지 아니하시리이다 ¹⁸ 주의 은택으로 시온에 선을 행하시고 예루살렘 성을 쌓으소서 ¹⁹ 그 때에 주께서 의로운 제사와 번제와 온전한 번제를 기뻐하시리니 그 때에 그들이 수소를 주의 제단에 드리리이다.

1 다윗은 자신의 죄를 고백하고 있습니다. 그가 자신을 죄 지을 수밖에 없는 죄인이라고 고백하는 이유는 무엇인가요? 죄성을 가진 우리는 죄를 범할 수밖에 없습니다. 중요한 것은 자기 죄를 깨닫고 주의 긍휼하심을 의지하여 주님께 나아가 죄를 고백하는 일입니다. 우리는 이런 회개 기도를 자주 하나요? 최근의 경험을 나누어 보세요.

2 다윗은 자신의 죄를 씻어달라고만 하지 않습니다. 그는 무엇을 새롭게 해달라고 간구하나요? 다윗의 간구를 통해 알 수 있는 것은 무엇인가요?

3 다윗은 하나님의 마음을 알았습니다. 하나님이 진정 원하시는 제사는 무엇인가요? 우리가 드리는 예배의 정신은 무엇인가요? 하나님이 우리에게 원하시는 예배의 삶은 무엇이라고 생각하시나요?

어제의 기도로 오늘을 살 수 없습니다. 과거의 신앙을 자랑해서는 안 됩니다. 오늘 근신하지 않으면 누구나 다윗처럼 죄악에 깊이 빠질 수 있습니다. 혼자 있는 것을 조심해야 합니다. 광야에서 혼자 있는 것과 왕궁에서 혼자 있는 것은 차원이 다릅니다. 광야는 하나님을 의지할 수 밖에 없는 곳이지만 왕궁은 얼마든지 욕심을 발휘할 수 있는 곳입니다. 하나님은 범죄한 다윗을 그냥 두지 않으셨고, 그에게 선지자 나단을 보내셨습니다.

하나님은 나단이 들려준 비유를 통해 다윗 안에 숨겨진 죄를 들추어내셨습니다. 나단의 이야기를 듣고 있던 다윗은 자기가 부하의 아내를 빼앗은 행위는 부자가 가난한 사람의 새끼 양을 빼앗아 잔치를 벌인 것과 같은 일이었음을 깨달았습니다. 나단이 지적한 다윗의 죄악은 하나님의 말씀을 업신여기고 하나님이 보시기에 악을 행한 것이었습니다. 그의 마음에는 근본적으로 하나님의 말씀을 업신여기는 태도가 자리 잡고 있었습니다. 권력의 힘이 세지면서 하나님의 말씀이 희미해졌습니다. 말씀이 희미해지면 죄를 이길 수 있는 저항력이 약해집니다.

다윗은 하나님 앞에서 범죄했음을 철저히 인정하고 하나님께 용서와 자비를 구합니다. 그리고 자신이 태어날 때부터, 모태에 있을 때부터 이미 죄인이었음도 고백합니다. 기도를 하면서 자신의 존재를 새롭게 깨달았습니다. 그럼에도 불구하고 그는 죄사함을 확신하며 기도합니다. 우슬초로 씻겨달라는 말은 의미가 있습니다. 원래 우슬초는 문둥병자가 깨끗해져 부정에서 벗어날 때 행했던 정결 의식에서 몸에 뿌릴 때 사용되었습니다. 자신의 죄악이 매우 심각한 상태임에도 죄사함을 확신하며 기도하고 있습니다. 다윗은 죄악이 씻기길 기대할 뿐 아니라 새로운 삶을 사는 데 필요한 심령의 변화를 간구합니다. 정한 마음을 창조해 주시고 정직한 영을 새롭게 해달라고 합니다. 정한 마음이란 범죄의 욕구를 물리칠 정도의 능력이 있는, 성령에 의해 변화된 마음을 뜻합니다. 정직한 영으로 새롭게 된 마음입니다. 다윗은 옛 사람을 벗어버리고 새 사람을 입게 해달라는 바울의 고백과 같은 복음적인 삶을 간구합니다. 회개는 단순하게 후회하는 것만을 말하지 않습니다. 범죄의 근원에서 벗어나 새로운 마음으로 새로운 삶을 사는 것을 말합니다.

다윗은 주 앞에서 쫓겨나고, 주님이 성신(성령)을 거두어 가시는 것을 무서워합니다. 범죄한 사울 왕에게 벌어진 일을 잘 알고있던 다윗은 이 기도를 당연히 해야 했습니다. 성령이 떠나는 것이 얼마나 두려운 일인지 잘 알고있던 다윗은 성신을 간구합니다. 우리는 성령이 영원히 함께한다는 사실을 위로로 삼지만 우리가 범죄하면 성령님이 슬퍼하시고 근심한다는 사실은 쉽게 잊고 삽니다. 우리는 성령님을 통해 죄를 이기고 하나님의 마음을 알게 되고 기도에 더욱 힘을 쏟을 수 있습니다.

다윗은 하나님이 진정 원하시는 제사는 성전에서 드리는 번제와 화목제가 아니라는 사실을 잘 알았습니다. 형식이 아니라 본질이 중요한 것을 깨달았습니다. 그리고 왜 그런 제사를 드려야 하는지와 제사를 드릴 때는 마음의 자세가 더 중요한 것을 알았습니다. 하나님은 우리가 죄를 지을 때마다 참회하고 주님의 자비를 의지하여 나아오는 것을 기뻐하십니다. 자신이 누구인지를 모르고 살아간다면, 우리는 계속 죄를 범합니다.

2. 내 죄악을 아뢰고
　　내 죄를 슬퍼함이니이다

시편 38편의 부제는 '기념하는 시'입니다. 학자들은 시편 38편이 '하나님과 자신의 기억을 전하기 위해', '다윗의 범죄와 용서 구함의 기억이 주는 교훈을 깨닫게 하기 위해' 기록되었다고 말합니다. 그렇기 때문에 시편 38편은 읽고 묵상하는 우리들에게도 아주 중요한 교훈을 줍니다. 다윗은 하나님이 내리시는 징계가 얼마나 엄중한지 여러 비유적인 표현으로 생생하게 표현하고 있습니다. 직접적으로는 자신이 겪는 정신적, 신체적 고통을, 간접적으로는 원수가 대적하고 친구와 친척이 떠나버린 사회적인 소외로 인한 고통을 표현합니다.

(시편 38:1-22) [1] 여호와여 주의 노하심으로 나를 책망하지 마시고 주의 분노하심으로 나를 징계하지 마소서 [2] 주의 화살이 나를 찌르고 주의 손이 나를 심히 누르시나이다 [3] 주의 진노로 말미암아 내 살에 성한 곳이 없사오며 나의 죄로 말미암아 내 뼈에 평안함이 없나이다 [4] 내 죄악이 내 머리에 넘쳐서 무거운 짐 같으니 내가 감당할 수 없나

이다 5 내 상처가 썩어 악취가 나오니 내가 우매한 까닭이로소이다 6 내가 아프고 심히 구부러졌으며 종일토록 슬픔 중에 다니나이다 7 내 허리에 열기가 가득하고 내 살에 성한 곳이 없나이다 8 내가 피곤하고 심히 상하였으매 마음이 불안하여 신음하나이다 9 주여 나의 모든 소원이 주 앞에 있사오며 나의 탄식이 주 앞에 감추이지 아니하나이다 10 내 심장이 뛰고 내 기력이 쇠하여 내 눈의 빛도 나를 떠났나이다 11 내가 사랑하는 자와 내 친구들이 내 상처를 멀리하고 내 친척들도 멀리 섰나이다 12 내 생명을 찾는 자가 올무를 놓고 나를 해하려는 자가 괴악한 일을 말하여 종일토록 음모를 꾸미오나 13 나는 못 듣는 자 같이 듣지 아니하고 말 못하는 자 같이 입을 열지 아니하오니 14 나는 듣지 못하는 자 같아서 내 입에는 반박할 말이 없나이다 15 여호와여 내가 주를 바랐사오니 내 주 하나님이 내게 응답하시리이다 16 내가 말하기를 두렵건대 그들이 나 때문에 기뻐하며 내가 실족할 때에 나를 향하여 스스로 교만할까 하였나이다 17 내가 넘어지게 되었고 나의 근심이 항상 내 앞에 있사오니 18 내 죄악을 아뢰고 내 죄를 슬퍼함이니이다 19 내 원수가 활발하며 강하고 부당하게 나를 미워하는 자가 많으며 20 또 악으로 선을 대신하는 자들이 내가 선을 따른다는 것 때문에 나를 대적하나이다 21 여호와여 나를 버리지 마소서 나의 하나님이여 나를 멀리하지 마소서 22 속히 나를 도우소서 주 나의 구원이시여.

> **1** 죄 지은 다윗은 하나님의 진노로 자신이 어떤 상태에 있다고 표현하고 있나요? 그의 정신적, 신체적 고통은 그가 주의 징계 받음을 보여줍니다. 이런 시적 표현에서 표현되는 회개하는 마음은 어떤 효과가 있을까요?

2 다윗이 바라는 것은 무엇일까요?(시 8:9,15) 다윗이 바라는 것이 이루어지면 회개하는 다윗은 어떤 힘을 얻게 될까요? 우리가 회개할 때 깨닫고 의지해야 할 하나님의 성품은 무엇일까요?

3 하나님의 징계를 받을 때 주위에서 우리의 죄악을 악으로 갚을 때가 많습니다. 그 때 우리가 취해야 하는 태도는 무엇일까요? 회개하는 자의 삶은 어떠해야 할까요?

다윗은 죄를 범한 자신을 징계하시는 하나님께 아픔과 고통을 시적으로 표현합니다. "주의 화살이 나를 찌르고, 주의 손이 나를 심히 누르나이다"(시 38:2). 우리들은 범죄의 결과와 징계의 엄중함을 많이 잊고 삽니다. 죄를 용서받았으니 가볍게 죄 지어도 또 용서해 주겠지 하면서 죄를 향한 경계를 소홀히 합니다. 그러나 다윗은 하나님이 자신에게 내리시는 징계의 엄중함을 시적 표현으로 아주 잘 그리고 있습니다.

'내 살에 성한 곳이 없습니다'
'내 뼈에 평안함이 없습니다'
'내 머리에 무거운 짐 같습니다'
'내 상처가 썩어 악취가 납니다'
'내가 아프고 심히 구부러졌으며 종일토록 슬픔 중에 다닙니다'
'내 허리에 열기가 가득하고 내 살에 성한 곳이 없습니다'
'내가 피곤하고 심히 상하였으며 마음이 불안하여 신음합니다'
'내 심장이 뛰고 내 기력이 쇠하여 내 눈의 빛도 나를 떠났나이다'

몸에 문둥병이 생긴 것처럼 성한 곳이 없어 몸 전체가 힘이 없고 수척하여 고통스럽다는 표현입니다. 죄의 심각성과 더불어 하나님과의 교통이 끊긴 참담하고 절망적인 상황을 보여 줍니다. 육체는 말할 것도 없고 심리적인 상태마저 갈기갈기 찢겨 불안하고 초조함을 토로하고 있습니다. 죄는 우리의 영적, 정신적, 심리적, 육체적 건강을 해칩니다. 죄는 하나님과 멀어지게 만들고, 우리의 마음을 어둡게하며 심적으로 큰 고통을 줍니다. 죄를 지은 사람은 불안감과 자책감으로 고생하기도 합니다. 때로는 몸의 질병으로도 나타납니다.

다윗은 사랑하는 자와 친구들과 친척들마저도 자신을 버렸다고 말합니다. 얼마나 가슴이 아프고 쓰린 이야기인지 모릅니다. 왕이라 할지라도 그가 지은 죄 때문에 측근들과 가족들에게마저 버림 받을 정도이니, 엄청난 슬픔에 잠길 수밖에 없었을 것입니다. 더군다나 회개하며 선을 따르는 다윗에게 오히려 악으로 선을 갚는 자들은 참기 어려운 고통이었습니다. 악인은 의인이 자기들의 계획과 다르게 행하면 방해하고 핍박합니다.

이런 영적, 정신적, 육체적 고통에서 자유로워지는 길은 은혜를 베푸시는 하나님께 소망을 갖고 나아가는 것입니다. 다윗은 '주여, 나의 모든 소원이 주 앞에 있사오며 나의 탄식이 주 앞에 감추이지 아니하나이다'라고 솔직한 마음의 소원을 주님께 고백합니다. 또한 '여호와여 내가 주를 바랐사오니 내 주 하나님이 내게 응답하시리이다'라고 고백합니다. 주님은 우리의 체질을 아시며 우리가 단지 먼지 뿐임을 기억하십니다. 아버지가 자식을 긍휼히 여김 같이 여호와께서는 자기를 경외하는 자를 긍휼히 여기십니다. 이러한 하나님의 성품을 믿고 그 분 앞에 나아가 우리의 형편을 그대로 아뢰며 회개할 때 주님은 우리를 용서해 주십니다. 주위 사람들에게 버림받고 죄책감으로 큰 고통을 당할 때 그것을 치유하는 길은 오직 하나님의 용서를 확인하고 하나님과 다시 동행하는 것입니다. 그래서 다윗은 하나님을 찾습니다. 우리에게도 똑같이 필요한 일입니다. 하나님을 찾고 기다려야 합니다.

3. 허물의 사함을 받고 자신의 죄가 가려진 자는 복이 있도다

　죄사함의 기쁨은 하나님의 징계를 체험하며 회개 기도를 올린 사람들에게 찾아오는 응답입니다. 하나님은 죄를 고백하며 하나님의 인자하심을 기대하는 성도의 죄는 반드시 용서해 주시고 새롭게 해 주십니다. 우리는 예수 그리스도의 십자가로 말미암아 죄에 대하여는 죽고, 예수님과 연합하여 그의 부활하심을 따라 하나님 앞에서는 새로운 피조물로 살게 되었습니다. 우리는 인생의 가장 큰 죄 문제를 해결해 주신 주님 안에서 죄사함의 기쁨을 누리며 하나님의 자녀로 헌신하며 하나님을 기쁘시게 하는 삶을 살고자 합니다. 그러나 많은 경우 다시 죄로 인해 넘어집니다. 우리는 죄와 싸워 졌을 때 어떻게 해야할까요?

　(시편 32:1-11) [1] 허물의 사함을 받고 자신의 죄가 가려진 자는 복이 있도다 [2] 마음에 간사함이 없고 여호와께 정죄를 당하지 아니하는 자는 복이 있도다 [3] 내가 입을 열지 아니할 때에 종일 신음하므로 내 뼈가 쇠하였도다 [4] 주의 손이 주야로 나를 누르시오니 내 진액이 빠져서 여름 가뭄에 마름 같이 되었나이다 [5] 내가 이르기를 내 허물을 여호와께 자복하리라 하고 주께 내 죄를 아뢰고 내 죄악을 숨기지 아니하였더니 곧 주께서 내 죄악을 사하셨나이다 [6] 이로 말미암아 모든 경건한 자는 주를 만날 기회를 얻어서 주께 기도할지라 진실로 홍수가 범람할지라도 그에게 미치지 못하리이다 [7] 주는 나의 은신처이오니 환난에서 나를 보호하시고 구원의 노래로 나를 두르시리이다 [8] 내가 네 갈 길을 가르쳐 보이고 너를 주목하여 훈계하리로다 [9] 너희는 무지한 말이나 노새 같이 되지 말지어다 그것들은 재갈과 굴레로 단속하지 아니하면 너희에게 가까이 가지 아니하리로다 [10] 악인

에게는 많은 슬픔이 있으나 여호와를 신뢰하는 자에게는 인자하심이 두르리로다 ¹¹ 너희 의인들아 여호와를 기뻐하며 즐거워할지어다 마음이 정직한 너희들아 다 즐거이 외칠지어다.

1 다윗은 어떤 사람이 복이 있다고 말하고 있나요? 그런 사람이 왜 복이 있을까요?

2 다윗은 회개하지 않을 때의 고통과 회개한 후의 기쁨을 어떻게 표현하고 있나요? 여러분에게도 회개하지 않을 때의 모습이 있었나요? 그 때의 상황이 어떠했는지 나누어 보세요.

3 다윗은 백성들에게 무엇이라고 훈계하나요? 다윗의 교훈을 통해 우리가 배우는 것은 무엇일까요?

다윗은 자기 죄를 숨기지 않고 토설함으로써 얻은 죄사함의 기쁨을 진솔하게 전합니다. 그래서 백성들도 자기처럼 죄사함의 기쁨을 맛보도록 교훈합니다. 죄사함의 기쁨을 맛본 사람들은 다른 사람에게 간증할 것이며 자기처럼 회개하며 하나님의 은혜를 받도록 촉구할 것입니다. 그리고 그 기쁨을 모르는 자에게 감사와 애정을 가지고 전할 것입니다. 지금 우리가 묵상한 시편이 바로 그런 내용입니다. 다윗은 범죄로 인해 생긴 양심의 고통은 물론 죄의 결국이 어떤 것인지 뼛속 깊이 깨달았기에 죄사함의 축복이 얼마나 큰지 외칩니다.

우리도 죄를 짓고도 회개하지 않거나 아니면 죄 지은 줄도 모르고 일상 생활을 할 때가 많습니다. 하나님의 징계를 받으면서도 그것이 자기 죄 때문인 줄 모른다면 얼마나 가련합니까? 구약에서는 이런 예가 나옵니다. 사사시대 엘리 대제사장은 아들들의 악행으로 받은 하나님의 징계의 말씀을 무명의 선지자에게 전달 받았는데도 회개하지 않습니다. 악행을 계속 저지르는 아들 홉니와 비느하스 때문에 근심만 할 뿐 그들의 악행을 회개하도록 지도하지 않습니다. 결국 하나님의 징계와 심판이 다가왔습니다. 블레셋과의 전투가 벌어지고, 승리의 상징이었던 여호와의 언약궤는 적군에게 탈취당하며, 이스라엘은 대패합니다. 그리고 두 아들은 전사합니다. 이 소식을 전해들은 엘리는 앉은 자리에서 목이 부러져 죽습니다. 회개하지 않은 엘리를 향한 하나님의 무서운 심판 장면입니다.

다윗은 회개하지 못하는 모습을 무지한 말이나 노새로 비유합니다. 이 짐승들은 주인이 재갈이나 굴레 같은 강제적인 힘을 가해야만 순종합니다. 이들처럼 고집 피우지 말고 기회를 주실 때 회개의 자리로 가야 합니다. 다윗은 자신의 예를 들어 말합니다. '내가 입을 열지 아니할 때 종일 신음하므로 내 뼈가 쇠하였다 주의 손이 주야로 나를 누르매 내 진액이 빠져서 여름 가뭄에 마름 같았다'라고 말합니다. 이같은 그림 언어를 통해 회개하지 않을 때의 고통을 묘사합니다. 회개하지 않은 사람은 죄를 마음 속에 감추고 있으면서 극심한 양심의 가책을 느끼며 번민합니다. 죄책감으로 마음은 갈래갈래 찢어지고 핍절한 상태로 지내게 됩니다. 우리가 경험한 사실이기도 합니다. 죄를 정리하지 못하고 그 고통을 지니고 있을 때, 회개할 수도 안할 수도 없는 갈등 상황을 우리도 많이 체험합니다. 이것을 극복하는 방법은 무엇입니까? '내 허물을 여호와께 자복하리라' 하고 '주께 내 죄를 아뢰고 내 죄악을 숨기지 아니하였더니'라고 고백한 다윗의 태도입니다. 바로 순종하여 주님께 회개하는 것입니다. 다윗은 이어지는 고백에서, '곧 주께서 내 죄를 사하셨다'고 말합니다. 회개하지 않을 때 오랜 시간 받았던 고통과 회개했을 때의 즉각적인 죄사함을 대비하여 말합니다. 우리는 다윗의 경험을 소중하게 여겨야 합니다. 다윗은 '내가 네 갈 길을 가르쳐 보이고 너를 주목하여 훈계하리로다'라고 말했습니다. 우리에게 하는 말씀입니다. 악인과 의인의 구분은 죄를 짓지 않음에 있는 것이 아니라 죄를 회개함의 여부에 있습니다.

묵상과 질문

1. 여러분은 죄를 지으면 깨달은 대로 바로 회개하나요? 회개한 경험을 나누어보세요.

2. 회개하지 않았을 때 느낀 고통과 여러 경험들을 나누어 보세요. 우리들은 그렇게 자주 죄를 범하고도 왜 회개하지 않을까요?

3. 복음은 죄사함의 복음입니다. 이런 복음을 나 혼자만 갖고 생활한다는 것은 참 복음을 깨닫지 못한 증거일 수도 있습니다. 여러분은 죄사함의 복음을 묵상하면서 이웃에게 증거하고 계신가요?

14과

빌립보 교회와 바울과 실라의 기도

빌립보 교회는 사도 바울이 성령의 강권적인 인도하심을 따라 아시아에서 유럽으로 발걸음을 옮긴 이후에 세운 최초의 교회입니다. 감옥에 갇히는 등 심한 고난 속에서 세워진 교회였습니다. 그래서 이 교회는 바울의 마음속에 깊은 애정으로 각인된 교회였습니다. 험난한 과정을 거쳐 유럽에 세워진 최초의 교회일 뿐 아니라 자신의 선교 사역에 늘 앞장서서 후원한 교회인지라 애정이 많은 교회입니다. "빌립보 사람들아 너희도 알거니와 복음의 시초에 내가 마게도냐를 떠날 때에 주고 받는 내 일에 참여한 교회가 너희 외에 아무도 없었느니라 데살로니가에 있을 때에도 너희가 한 번뿐 아니라 두 번이나 나의 쓸 것을 보내었도다"(빌 4:15-16) 라고 바울은 말합니다.

"내가 기도하노라 너희 사랑을 지식과 모든 총명으로 점점 더 풍성하게 하사 너희로 지극히 선한 것을 분별하며 또 진실하여 허물없이 그리스도의 날까지 이르고 예수 그리스도로 말미암아 의의 열매가 가득하여 하나님의 영광과 찬송이 되기를 원하노라"(빌 1:9-11). 로마 감옥에 갇힌 말년의 바울이 빌립보 교회를 위하여 기도하는 내용입니다. 지식과 총명에 기반한 사랑, 분별과 진실함, 의의 열매를 위해 기도합니다. 자신의 안전을 위해 기도하는 것이 아니라 분열과 다툼의 상황 속에서 진리 없는 열정으로 각자 섬기는 위기의 빌립보 교회의 치유를 위해 기도합니다.

1. 바울의 발걸음을 유럽으로 옮기신 성령님

　선교는 하나님의 부르심 가운데 행해집니다. 사도 바울은 금식하는 가운데 성령의 지시로 선교 여행을 시작하게 되었고 역사적 전환점이 되는 시점에 또 다시 성령의 강한 부르심과 인도하심을 받게 됩니다. 사도 바울은 1차 선교 여행에서 개척한 아시아의 여러 교회를 돌아보고 다시 북쪽 지방으로 발걸음을 옮겨 전도하려 하였으나 성령님은 아시아에서 더 이상 말씀을 전하지 못하게 했습니다. 우리는 선교에서는 철저히 성령님을 의지해야 합니다. 나의 최선보다는 하나님의 최선을 보는 영적 안목이 있어야 합니다. 나의 최선이 하나님에게는 차선이 될 수 있음을 알아야 합니다.

　(사도행전 16:6-15) [6] 성령이 아시아에서 말씀을 전하지 못하게 하시거늘 그들이 브루기아와 갈라디아 땅으로 다녀가 [7] 무시아 앞에 이르러 비두니아로 가고자 애쓰되 예수의 영이 허락하지 아니하시는지라 [8] 무시아를 지나 드로아로 내려갔는데 [9] 밤에 환상이 바울에게 보이니 마게도냐 사람 하나가 서서 그에게 청하여 이르되 마게도냐로 건너와서 우리를 도우라 하거늘 [10] 바울이 그 환상을 보았을 때 우리가 곧 마게도냐로 떠나기를 힘쓰니 이는 하나님이 저 사람들에게 복음을 전하라고 우리를 부르신 줄로 인정함이러라 [11] 우리가 드로아에서 배로 떠나 사모드라게로 직행하여 이튿날 네압볼리로 가고 [12] 거기서 빌립보에 이르니 이는 마게도냐 지방의 첫 성이요 또 로마의 식민지라 이 성에서 수일을 유하다가 [13] 안식일에 우리가 기도할 곳이 있을까 하여 문 밖 강가에 나가 거기 앉아서 모인 여자들에게 말하는데 [14] 두아디라

시에 있는 자색 옷감 장사로서 하나님을 섬기는 루디아라 하는 한 여자가 말을 듣고 있을 때 주께서 그 마음을 열어 바울의 말을 따르게 하신지라 [15] 그와 그 집이 다 세례를 받고 우리에게 청하여 이르되 만일 나를 주 믿는 자로 알거든 내 집에 들어와 유하라 하고 강권하여 머물게 하니라.

1 성령님이 바울에게 하신 일은 무엇인가요? 왜 그렇게 하셨나요?

2 성령님이 주신 환상을 보고 바울 일행이 한 일은 무엇인가요? 여러분은 세미한 주님의 음성을 듣거나 거룩한 뜻이 담겨 있는 환상을 본 경험이 있나요?

3 빌립보에서 바울이 처음 경험한 일은 무엇인가요? 바울은 어떤 마음이었을까요? 일이 순조롭게 풀릴 때 우리에게도 감사와 찬양이 나옵니다. 어려운 여건 속에서 하나님께 순종했을 때 하나님이 주신 기쁨의 소식이 있었다면 나누어 보세요.

최선과 차선의 차이는 순종과 불순종의 차이입니다. 성령은 이미 바울에게 아시아에서 복음을 전하지 못하게 막으셨습니다. 그러나 바울은 계속해서 자기 방향을 고집합니다. 사도행전 16장 6~7절에는 '브루기아와 갈라디아 땅으로 다녀가 무시아 앞에 이르러 비두니아로 가고자 애쓰되 예수의 영이 허락지 아니하시는지라'고 기록되어 있습니다. 성령께서 요구하시는 방향은 분명히 '서쪽'인데, 바울은 계속 '북서쪽'을 고집했습니다. 바울의 생각도 틀린 것은 아닙니다. 이미 씨가 뿌려진 곳에 다시 가서 조금만 더 수고하면 거둘 수 있을 거라는 아쉬움이 있었을 것입니다. 바울에게 아시아는 최선이었지만 하나님에게는 차선입니다. 하나님의 최선은 마게도냐 즉 유럽이었습니다. 불순종하는 바울에게 영적인 밤이 찾아옵니다. 성령님은 그 밤에 찾아오십니다. "무시아를 지나 드로아로 내려갔는데 밤에 환상이 바울에게 보이니 마게도냐 사람 하나가 서서 그에게 청하여 가로되 마게도냐로 건너와서 우리를 도우라 하거늘" 이렇듯 영적으로 어려운 시기에 바울은 '우리를 도우라'는 환상을 봅니다. 버려진 영혼을 보는 환상이요, 아직 비어 있는 곳을 보는 환상이며, 아무도 가보지 않은 곳에 가는 선교사적 안목을 가지게 하는 환상이요, 일할 사역지를 보게 하는 환상입니다.

환상을 본 후 바울의 일행은 바로 순종합니다. "바울이 이 환상을 본 후에 우리가 곧 마게도냐로 떠나기를 힘쓰니 이는 하나님이 저 사람들에게 복음을 전하라고 우리를 부르신 줄로 인정함이러라." 바울은 하나님이 복음을 전하라고 보여주신 환상을 인정했습니다. 모든 것을 다 포기하고, '곧 떠나기로 힘썼다'는 사실이 대단한 결단입니다. 나중에 바울이 이때의 심정을 기술할 때, 솔직하게 고백합니다. "우리가 마게도냐에 이르렀을 때에도 우리 육체가 편치 못하고 사방으로 환난을 당하여 밖으로는 다툼이요 안으로는 두려움이라"(고후 7:5). 육체는 편치 못하고, 사방으로 환난이요, 밖으로는 다툼이라는 말씀은 원래 각오한 일입니다. 그러나 안으로는 두려움이었다는 고백은 참으로 눈물겹습니다. 두려움이 있으나 '곧 떠나면서 주께 맡기는' 믿음! 이런 담대함으로 모든 것을 감당하는 것이 선교하는 사람의 자세입니다.

바울은 최초의 유럽 선교의 장을 빌립보에서 엽니다. 바울의 선교 일행은 마게도냐 지방의 첫 관문 빌립보에서 안식일을 맞아 회당을 찾아 나섭니다. 그동안 해 온 관례대로 유대인에게 먼저 복음을 전하기 위해서입니다. 회당은 없었지만 정결의식을 하기에 적절한 강가에서 기도하는 여인들을 만나게 됩니다. 이들에게 복음을 전하는 데 하나님이 예비하신 한 여인이 있었습니다. "두아디라 시에 사는 자색 옷감 장사로서 하나님을 섬기는 루디아라 하는 한 여자가 말을 듣고 있을 때 주께서 그 마음을 열어 바울의 말을 따르게 한 지라." 그녀와 집안 온 식구가 세례를 받아 첫 교인이 됩니다. 그리고 바울 일행을 유대식으로 환대합니다. 바울에게는 얼마나 귀한 하나님의 역사인줄 모릅니다. 자신의 의지를 접어 두고 성령님께 순종해 두려운 마음으로 이곳 유럽에 왔는데 주님이 첫 신자를 예비하셨다는 사실에 감사와 함께 안도하는 마음이 들었을 것입니다. 우리는 주님의 말씀이 자신의 생각과 달라도 순종할 때 주님이 주시는 선물을 받게 됩니다. 주님은 그분의 길이 틀리지 않음을 증명해 주십니다.

2. 옥에 갇힌 바울과 실라

　바울의 빌립보 선교 여정은 날개를 단듯했습니다. 바울은 루디아의 회심을 보고 더 많은 신자를 얻기 위해 기도하는 곳으로 자주 왕래했습니다. 그런데 뜻밖의 사건을 만나 큰 고초를 치르게 됩니다. 그 지역에서 점을 치는 여종 하나가 바울을 방해했습니다. 이미 예수님 당시에도 그런 일이 있었습니다. 예수님이 한 영혼을 구원하기 위해 갈릴리 호수를 건널 때 그 길을 방해하기 위해 풍랑을 일으킨 사탄의 세력을 제압하기도 했습니다. 바울에게 동일한 일이 생겼습니다. 귀신이 방해합니다. 바울의 복음 전도를 싫어하고 쫓아내기 위해 귀신들린 여종을 이용했습니다. 이들을 제압하고 쫓아냄으로 일이 잘 해결될 줄 알았지만 바울에게는 더 큰 고통과 아픔이 기다리고 있었습니다. 선교는 영적 전쟁입니다.

(사도행전 16:16-26) [16] 우리가 기도하는 곳에 가다가 점치는 귀신 들린 여종 하나를 만나니 점으로 그 주인들에게 큰 이익을 주는 자라 [17] 그가 바울과 우리를 따라와 소리 질러 이르되 이 사람들은 지극히 높은 하나님의 종으로서 구원의 길을 너희에게 전하는 자라 하며 [18] 이같이 여러 날을 하는지라 바울이 심히 괴로워하여 돌이켜 그 귀신에게 이르되 예수 그리스도의 이름으로 내가 네게 명하노니 그에게서 나오라 하니 귀신이 즉시 나오니라 [19] 여종의 주인들은 자기 수익의 소망이 끊어진 것을 보고 바울과 실라를 붙잡아 장터로 관리들에게 끌어 갔다가 [20] 상관들 앞에 데리고 가서 말하되 이 사람들이 유대인인데 우리 성을 심히 요란하게 하여 [21] 로마 사람인 우리가 받지도 못하고 행하지도 못할 풍속을 전한다 하거늘 [22] 무리가 일제히 일

어나 고발하니 상관들이 옷을 찢어 벗기고 매로 치라 하여 [23] 많이 친 후에 옥에 가두고 간수에게 명하여 든든히 지키라 하니 [24] 그가 이러한 명령을 받아 그들을 깊은 옥에 가두고 그 발을 차꼬에 든든히 채웠더니 [25] 한밤중에 바울과 실라가 기도하고 하나님을 찬송하매 죄수들이 듣더라 [26] 이에 갑자기 큰 지진이 나서 옥터가 움직이고 문이 곧 다 열리며 모든 사람의 매인 것이 다 벗어진지라.

1 점치는 귀신들린 여종 하나가 외치는 내용은 무엇인가요? 이런 현상은 바울에게 어떤 영향을 미쳤을까요?

2 귀신을 쫓아내자 바울에게는 어떤 일이 발생했나요? 주의 일을 하다가 고난을 당하면 우리는 보통 어떤 태도를 취하게 되나요? 여러분들의 경험을 나누어 보세요.

3 한밤중에 바울과 실라는 감옥에서 무엇을 했나요? 바울과 실라는 왜 기도와 찬양을 하게 되었을까요?

점치는 여종이 바울 일행을 따라와 소리칩니다. "이 사람들은 지극히 높은 하나님의 종으로서 구원의 길을 너희에게 전하는 자라"(행 16:17). 여러 날 동안 이렇게 소리 높여 외칩니다. 처음에는 대수롭게 여기지 않던 바울은 심히 괴로워합니다. 거룩한 복음이 부정한 영에 의해 증거 되는 것이 불쾌했고 그 소녀의 딱한 처지를 보며 안타까웠기 때문입니다. 외관상으로는 뜻하지 않았던 유명세를 받았을 것이고, 나중에는 복음 선포보다 귀신의 말에 관심이 더 집중되었을 것입니다. 바울은 즉각 축사를 하여 귀신을 쫓아냅니다. 이 여종은 자유롭게 되어 새로운 빌립보 교인이 되었을 것입니다. 그러나 이 사건은 바울에게 엄청난 고난을 초래합니다.

바울이 귀신을 내쫓아 점을 못치게 되자 손해를 본 주인들이 가만히 있을 리 없었습니다. 그들은 바울과 실라를 잡아 장터로 끌고 가 관리들에게 '이 사람들이 유대인인데 우리 성을 심히 요란하게 하여 로마 사람인 우리가 받지도 못하고 행하지도 못할 풍속을 전한다'(행 16:20-21)고 고소합니다. 상관들은 도시를 소란케 한 죄로 바울 일행에게 태형을 명하고 수감시킵니다. 관리들은 채찍과 방망이를 가지고 있었는데 맞으면 살점이 떨어져 나갈 정도였습니다. 사도행전 16장 23절에 보면 '많이 쳤다'라고 나옵니다. 거의 죽을 만큼 친 것을 말합니다. 유대인이니 더 심하게 때렸을 것입니다. 바울과 실라는 순전하게 복음을 전하면 되는 줄 알았지만 큰 고초와 고통이 기다리고 있었습니다. 그들은 깊은 감옥에 갇혔습니다. 아마도 처음에는 하나님께 원망하고 불평하는 마음이 있었을지도 모릅니다. 성령의 인도하심을 따른 결과가 이런 고통인가? 하며 눈물을 훔치기도 했을 것입니다. 이런 상황에서 기도하고 찬송할 수 있었을까요? 그러나 성경은 증언합니다. "한밤중에 바울과 실라가 기도하고 하나님을 찬송하매 죄수들이 듣더라"(행 16:25).

기도와 찬송은 역사하는 힘이 있습니다. 바울의 수감사건은 우리에게 고난 이후에는 예비하신 하나님의 일이 있음을 알려 줍니다. 하나님은 성도의 고통 속에도 하나님의 뜻을 담으십니다. 하나님은 우리가 보기에 아주 부정적인 상황에서도 찬송하고 기도할 능력을 주십니다. 그리고 일하십니다. 바울과 실라는 고통 속에서 기도하다가 찬송을 하게 되었습니다. 바로 하나님의 의도와 계획을 알게 된 것입니다. 우리를 기도하게 만드시는 것은 하나님이 이 세상을 설득해 가시는 방식입니다. 기도하는 자를 먼저 설득하십니다. '바울아 네 의지와 상관없이 끌려와 매질을 당해 감옥에 있지만 이 과정에 감추어진 나의 비밀스런 계획이 무엇인지 아니?'라고 말씀하십니다. 하나님의 관심은 그 밤에 고요히 울려 퍼지는 찬송을 듣고 있는 죄수들과 간수에게 있었습니다. 갑자기 지진이 나고 옥문이 열리며 죄수들이 매고 있던 것들이 다 풀립니다. 이 사건은 또 다른 사건을 위한 배경이었습니다. 하나님을 인정하고 하나님의 계획을 깨달은 바울과 실라의 적극적인 신앙은 이렇게 기적을 만들어 냈습니다. 우리는 우리에게 능력주시는 자 안에서 모든 것을 할 수 있습니다. 우리의 순종과 기도를 통해 하나님은 당신의 구원을 이루십니다.

3. 구원받은 간수

  외관상으로 보면 빌립보로 향하는 길은 바울의 계획이 좌절되는 길이었습니다. 빌립보에서의 바울 일행은 수치와 고난을 당합니다. 그러나 그 깊고 어두운 감옥 속에서 하나님은 바울에게 새로운 비전을 보여 주십니다. 간수들과 죄수들이 복음 앞에 경청하는 모습을 보게 하십니다. 그리고 로마로 향하기를 원하시는 하나님의 비전에 제대로 눈을 뜨게 하셨습니다. 하나님의 구원하심은 우리의 계획이나 상상을 초월합니다. 바울과 실라의 투옥에는 하나님의 한 사람, 한 가정을 위한 사랑이 담겨 있었습니다. 귀신들린 여종을 고치시고 성도가 되게 하신 것처럼 이제 한 간수를 향한 하나님의 역사가 나타났습니다.

(사도행전 16:27-40) ²⁷ 간수가 자다가 깨어 옥문들이 열린 것을 보고 죄수들이 도망한 줄 생각하고 칼을 빼어 자결하려 하거늘 ²⁸ 바울이 크게 소리 질러 이르되 네 몸을 상하지 말라 우리가 다 여기 있노라 하니 ²⁹ 간수가 등불을 달라고 하며 뛰어 들어가 무서워 떨며 바울과 실라 앞에 엎드리고 ³⁰ 그들을 데리고 나가 이르되 선생들이여 내가 어떻게 하여야 구원을 받으리이까 하거늘 ³¹ 이르되 주 예수를 믿으라 그리하면 너와 네 집이 구원을 받으리라 하고 ³² 주의 말씀을 그 사람과 그 집에 있는 모든 사람에게 전하더라 ³³ 그 밤 그 시각에 간수가 그들을 데려다가 그 맞은 자리를 씻어 주고 자기와 그 온 가족이 다 세례를 받은 후 ³⁴ 그들을 데리고 자기 집에 올라가서 음식을 차려 주고 그와 온 집안이 하나님을 믿으므로 크게 기뻐하니라 ³⁵ 날이 새매 상관들이 부하를 보내어 이 사람들을 놓으라 하니 ³⁶ 간수가 그 말대로 바울에게 말하되 상관들이 사람을 보내어 너희를 놓으라 하였으니 이제는 나가서 평안히 가라 하거늘 ³⁷ 바울이 이르되 로마

사람인 우리를 죄도 정하지 아니하고 공중 앞에서 때리고 옥에 가두었다가 이제는 가만히 내보내고자 하느냐 아니라 그들이 친히 와서 우리를 데리고 나가야 하리라 한 대 [38] 부하들이 이 말을 상관들에게 보고하니 그들이 로마 사람이라 하는 말을 듣고 두려워하여 [39] 와서 권하여 데리고 나가 그 성에서 떠나기를 청하니 [40] 두 사람이 옥에서 나와 루디아의 집에 들어가서 형제들을 만나 보고 위로하고 가니라.

1   간수가 지진이 나고 옥문이 열린 것을 보고 행하려 한 일이 무엇인가요? 그 간수를 보고 바울은 어떻게 했나요?

2   간수가 바울과 실라에게 요청한 것은 무엇인가요? 바울은 간수와 그 집에 복음을 전하였고 세례를 베풀었습니다. 이런 내용을 통해 우리가 알 수 있는 것이 무엇일까요?

3   이후에 바울과 실라는 어떻게 감옥에서 나오게 되었나요? 왜 바울은 로마 사람이라는 주장을 출옥 후에 하게 되었을까요?

감옥을 지키던 간수는 죄수들이 탈옥한 줄 알고 자결하려 했습니다. 로마의 법은 죄수가 탈옥했을 경우 죄수를 지키던 간수가 대신 죽임을 당하도록 되어 있습니다. 자다가 깨어난 탓에 미처 경황이 없던 간수는 감옥 안을 확인할 생각도 못하고 지진으로 옥문이 열려 있으니 죄수가 다 도망갔다고 판단하고 자결하려 했던 것 같습니다. 그런데 바울은 이 상황에서 간수의 자결을 말립니다. 아마도 기적을 체험한 죄수들은 바울과 실라의 안내에 따라 도망가지 않고 그 자리에 있었던 것 같습니다. 간수는 벌어진 상황에 놀라고 자신을 죽음으로부터 구원해 준 바울을 데리고 나옵니다. 그리고 그는 무릎을 꿇고 알 수 없는 경외감에 압도되어 질문을 합니다. "선생들이여 내가 어떻게 하여야 구원을 받으리이까?"(행 16:30). 바울이 말합니다. "주 예수를 믿으라 그리하면 너와 네 집이 구원을 받으리라"(행 16:31). 그리고 주의 말씀을 간수와 그 집에 있는 모든 자에게 전합니다. 간수는 바울과 실라의 맞은 자리를 치료해 주고나서 가족 모두와 함께 세례를 받습니다. 또한 투옥되어 고난을 받느라 허기진 그들에게 먹을 것을 주어 대접합니다. 온 가족이 하나님을 믿음으로 말미암아 크게 기뻐했습니다.

하나님의 계획은 간수와 가족이 구원받는 것이었습니다. 이미 주님을 영접한 루디아 여인, 깨끗함을 입은 여종, 그리고 간수 가족. 이들은 빌립보 교회의 주역이 되었습니다. 바울과 개인적인 친밀함을 가진 이 그룹들이 이후 바울의 복음 사역의 후견자로서 큰 역할을 했을 것입니다.

이후 바울이 어떻게 되었는지 성경은 증거합니다. 바울과 실라는 공식적으로 석방됩니다. 바울이 계속 간수의 집에 있었다기보다는 아마 간수를 위해 다시 자진해서 감옥으로 들어갔을 가능성이 높습니다. 악법이라도 지켜야 했기 때문입니다. 다음날 집행관이 사람을 보내어 그들을 석방하려하자 바울은 자신의 로마 시민권을 갑자기 주장합니다. 로마 사람들은 법정 판결이 나기 전 감옥에 들어갈 수도 없었거니와 본인의 동의가 있었을 때만 지방 법률에 따라 재판을 받을 수 있었습니다. 바울의 이런 돌출 발언은 무엇을 의미할까요? 감옥에 갇히기 전에 했어야 할 말을 오히려 석방 된 후에 하니 말입니다. 이런 바울의 발언은 자신이 빌립보를 떠난 이후에 생존하여야 할 빌립보 교회를 위한 배려였습니다. 바울이 떠난 후, 힘들게 세운 빌립보 교회에 가해질 핍박을 대비하여 상관들에게 무언의 압력을 넣었던 것입니다. 바울과 실라는 루디아의 집에 들어갑니다. 빌립보 교회는 루디아의 집에서 모였던 것 같습니다. 이들이 뒤에서 바울과 실라를 위해 얼마나 열심히 간절하게 중보 기도했을지 충분히 추측할 수 있습니다. 석방된 바울의 얼굴을 보며 전후 사실을 전해 듣고 교회는 얼마나 큰 위로를 얻었을까요? 하나님은 살아계셔서 우리의 기도를 들으신다고 확신하며 감사했을까요? 바울은 그들을 위로하고 새롭게 세워진 교회를 위하여 더 이상의 소요가 일어나지 않기를 바라며 빌립보를 떠납니다.

빌립보는 이해할 수 없는 고난의 자리였습니다. 그러나 오히려 하나님의 계획에 눈이 열려 찬송하게 된 자리였습니다. 한 영혼과 그의 가족이 주께 돌아온 섭리의 자리였습니다. 비록 처음에는 납득할 수 없었지만 나중에는 하나님의 경륜의 깊이와 능력의 무한함을 체험한 자리였습니다. 기도와 찬송이 가지는 능력입니다.

묵상과 질문

1. 주의 일을 하다가 특별한 성령의 감동을 받고 인도하심을 체험한 적이 있나요? 오랫동안 기도하는 중에 내 뜻과 다르게 임한 성령의 감동에 대하여 어떤 반응을 보이셨나요?

2. 바울과 실라가 감옥에서 기도와 찬송한 것을 보면서 우리가 깨닫는 것은 무엇인가요? 내가 만약 억울하게 감옥살이 한다면 이들처럼 그렇게 기도하고 찬송할 수 있을까요? 여러분의 생각은 어떤가요?

3. 자신의 유익과 명예보다 교회를 위한 배려를 아끼지 않는 행동은 무엇인가요? 내 유익과 교회의 유익이 상충될 때 내 자신의 뜻을 버릴 각오가 되어 있나요?

15과

기도에 관한 바울의 가르침

예수님은 주기도문을 필두로 하여 여러 비유로 기도를 가르치셨습니다. 예수님만큼이나 기도를 강조하고 가르친 사람은 사도 바울이었습니다. 바울은 각 교회에 쓰는 편지마다 감사를 한 이후에 반드시 기도를 했습니다. 그는 교회마다 반드시 요구되는 영적, 육적 필요를 위해 기도했습니다. 바울의 기도만 살펴봐도 그 교회가 어떤 교회이고 무엇이 변화되어야 하는지 알 수 있습니다.

에베소 교회를 위해서는 지혜와 계시의 영을 구하고, 하나님의 부르심과 그 기업의 풍성함을 알게 하며, 이 일을 이루시는 하나님의 큰 능력을 알게 해달라고 간구합니다. 빌립보 교회를 위해서는 사랑 위에 지혜와 총명을, 분별력과 진실함을, 그리고 의의 열매가 가득하기를 간구합니다. 골로새 교회를 위해서 신령한 지혜와 총명으로 하나님의 뜻을 알고, 범사에 주님을 기쁘시게 하고, 모든 선한 열매를 맺어 하나님을 아는 지식과 오래 참음과 감사함에 이르기를 간구합니다.

1. 성령 안에서 항상 기도와 간구를 하라

　사도 바울은 에베소 교회에 기도를 권면하면서 하나님의 전신갑주를 입을 것을 촉구합니다. 그 이유는 우리의 싸움이 사람들과의 육적인 싸움이 아니라 영적 전쟁이기 때문입니다. 성도들이 많이 놓치는 부분입니다. 보이는 것이 다가 아님에도 불구하고 눈에 보이는 세상 영역의 영향을 지나치게 많이 받습니다. 세상 권세와 물질, 영광에 초점을 맞추어 살아야 생존이 가능한 세상이니 당연히 영적 세계에 대한 감각이 무뎌지고 우리에게 주신 영적 무기를 잃어버리고 나설 때가 많습니다. 사도 바울은 그리스도인들이 새 생활을 온전히 영위하기 위해 필연적으로 수행해야 할 사악한 마귀와의 영적 전쟁에 대해 말씀합니다. 이런 영적 전쟁에 대한 지식을 이해하고 영적 무기를 온전히 갖추는 것은 신앙생활의 가장 큰 기본입니다.

　(에베소서 6:10-20) [10] 끝으로 너희가 주 안에서와 그 힘의 능력으로 강건하여지고 [11] 마귀의 간계를 능히 대적하기 위하여 하나님의 전신 갑주를 입으라 [12] 우리의 씨름은 혈과 육을 상대하는 것이 아니요 통치자들과 권세들과 이 어둠의 세상 주관자들과 하늘에 있는 악의 영들을 상대함이라 [13] 그러므로 하나님의 전신 갑주를 취하라 이는 악한 날에 너희가 능히 대적하고 모든 일을 행한 후에 서기 위함이라 [14] 그런즉 서서 진리로 너희 허리 띠를 띠고 의의 호심경을 붙이고 [15] 평안의 복음이 준비한 것으로 신을 신고 [16] 모든 것 위에 믿음의 방패를 가지고 이로써 능히 악한 자의 모든 불화살을 소멸하고 [17] 구원의 투구와 성령의 검 곧 하나님의 말씀을 가지라 [18] 모든 기도와 간구를 하되 항상 성령 안에서 기도하고 이를 위하여 깨어 구하

기를 항상 힘쓰며 여러 성도를 위하여 구하라 [19] 또 나를 위하여 구할 것은 내게 말씀을 주사 나로 입을 열어 복음의 비밀을 담대히 알리게 하옵소서 할 것이니 [20] 이 일을 위하여 내가 쇠사슬에 매인 사신이 된 것은 나로 이 일에 당연히 할 말을 담대히 하게 하려 하심이라.

1 마귀의 간계를 대적하기 위하여 성도들이 해야 할 일이 무엇일까요? 왜 그렇게 해야 하나요?

2 하나님의 전신 갑주는 무엇인가요? 그것들의 의미는 무엇일까요?

3 바울은 이 모든 것 위에 항상 성령 안에서 깨어 기도하기를 힘쓰라고 권면합니다. 왜 이런 기도가 필요할까요?

사도 바울은 에베소 교회를 향해 악한 영들과 사탄과의 전쟁에서 승리하기 위해서는, 먼저 주 안에 있어야 하고 그 힘의 능력으로 강건해야 한다고 가르칩니다. '주 안에서'라는 말은 그리스도와의 연합을 의미합니다. 그리스도인들은 그리스도와의 연합을 통해, 그리스도께서 주시는 은혜로 순종할 때 강건해질 수 있습니다. '그 힘의 능력으로'는 성령의 능력을 말합니다. 하나님께서 그리스도를 부활시키고 높이신 것처럼 그리스도는 우리를 죄와 죽음의 속박에서 구원하시고(엡 1:19-2:10) 성령으로 강건하게 하십니다. 이 전쟁이 여호와의 전쟁임을 가르칩니다. 이스라엘 백성들이 자신의 힘보다 하나님을 신뢰하는 믿음을 선포하며 하나님의 능력을 의지할 때 승리했던 원리와 같은 것입니다. 영적 전쟁은 여호와의 전쟁입니다. 그 이유는 우리의 싸움이 육과의 싸움이 아니라 악한 영들과 사탄과의 싸움이기 때문입니다. 여호와의 전쟁에 참여하기 때문에 우리는 하나님이 주신 무기로 무장해야 합니다.

'진리의 허리띠'에서 진리는 복음을 말하기보다는 진실과 성실을 말합니다. 즉 하나님의 말씀을 향한 견고한 확신과 순종을 뜻합니다. 성도는 거짓과 기만을 일삼는 사탄의 궤계를 깨뜨리기 위해 성실하고 정직하게 순종해야 합니다. '의의 흉배'에서 흉배는 굳은 가죽, 쇠, 구리 등으로 만들어진 병사의 가슴 부분을 보호하는 장비입니다. 이 흉배는 치명상으로부터 생명을 보호합니다. 의는 그리스도의 보혈의 공로, 다시 말해 어떤 상황에서도 흔들리지 않는 구원의 확신을 말하며 의로운 행동을 의미합니다. 성도의 의로운 행위는 사탄의 공격에서 심장을 보호할 수 있습니다. '평안의 복음의 신발'에서 신발은 로마 병사들이 전쟁을 위해 신던 것으로 긴 행군을 하기에 적합하고 발이 미끄러지지 않도록 막아주는 역할을 합니다. 그 신발이 평안의 복음입니다. 즉 그리스도의 구속으로 말미암아 화목과 화평이 성도의 삶에 뿌리를 내린 것을 말합니다. '방패'는 작은 것을 말하는 것이 아니라 자신의 몸을 다 가릴 수 있을 정도로 커야합니다. 하나님을 온전히 의지하는 신뢰는 가공할 만한 사탄의 모든 공격에서 안전하게 막아주는 방패 역할을 합니다. '구원의 투구'는 로마 병사들이 사용하던 것으로 도끼나 망치로 내려치지 않는 한 뚫어지지 않을 정도로 단단하게 머리를 보호했습니다. 구원은 신자의 정체성입니다. 하나님의 자녀라는 믿음 안에서 갖게 되는 구원의 소망과 확신은 사탄의 공격을 막아내는 효과적인 방법입니다. 마지막으로 성령의 검은 곧 하나님의 말씀입니다. 성도의 무장에서 유일한 공격용 무기입니다. 주님이 사탄의 시험을 이긴 것도 신명기의 말씀을 인용하여 대적했기 때문입니다. 말씀을 사용한다는 것은 하나님을 신뢰하는 믿음과 신실함을 보여주는 것입니다. 그 말씀으로 악한 영들이 쫓겨납니다.

이어서 사도 바울은 성령의 전신갑주를 입은 성도들이 깨어 기도할 것을 당부합니다. 전신갑주를 입고 졸고 있는 병사를 상상해 보십시오. 적군이 기습해 왔을 때 아무리 훌륭한 무장을 하였다 하더라도 전쟁에서는 승리할 수 없습니다. 전쟁에서 적의 기습을 물리칠 힘이 파수군의 경성(警醒)•함에 있는 것처럼, 성령 안에서 무시로 기도하는 것은 가장 훌륭한 방어무기이자 공격무기입니다. 성령 안에서 기도하라는 뜻은 성령의 인도하심과 능력을 받으라는 말입니다. 주권자이신 하나님의 뜻을 가장 잘 헤아려 주님이 기뻐하시는 기도를 할 수 있습니다. 그러므로 기도할수록 승리와 가까워집니다. 도우시고 능력을 주시는 성령님을 의지하지 않는다면 우리의 기도에는 힘이 없습니다. 전쟁에서 승리하지 못합니다.

"모든 기도와 간구를 하되 항상 성령 안에서 기도하고 이를 위하여 깨어 구하기를 항상 힘쓰라"(엡 6:18). 이것이 바울이 가르치는 기도의 교훈입니다. 우리는 모든 기도와 간구를 하나님 앞에 드려야 합니다. 기도는 일반적인 의미로 하나님을 향한 모든 경건한 아룀을 말합니다. 간구는 긴박한 상황에서의 어떤 특별한 성취를 위해 탄원하는 기도를 말합니다. 우리는 항상 성령 안에서 기도해야 합니다. 우리는 기도하기 위해 늘 깨어 있어야 합니다. 성도들과 말씀 전하는 자들을 위해 기도해야 합니다. 영적 전쟁 상황에서 기도는 중요합니다. 사탄의 세력의 궤계와 기습을 간파하기 위해 깨어 있고 성령 안에서 무시로 기도하여 하나님의 능력을 받으면 우리는 이 전쟁에서 승리할 수 있습니다.

2. 너희 구할 것을 감사함으로 하나님께 아뢰라

바울은 간단하면서도 심오한 권면으로 데살로니가 교회에게 말합니다. "항상 기뻐하라, 쉬지 말고 기도하라, 범사에 감사하라"(살전 5:16-18). 감사는 성도들의 삶이 되어야 할 귀한 교훈입니다. 이와 동일한 가르침을 빌립보 교회에게 말합니다. 빌립보 교회는 지도자들이 지식 없는 열정으로 서로 갈등하고 분열하는 교회였습니다. 또한 유대인들로부터 영적 공격을 당하여 두려움에 처했습니다. 이런 상황에서 바울은 겸손과 복음의 확신으로 문제를 해결할 것을 권면했습니다. 결론적으로 우리가 항상 기뻐할 수 있는 이유는 서로 관용을 베풀어 격려하고, 어떤 환경에서도 염려하지 않고 감사 기도를 드릴 수 있기 때문입니다.

> (빌립보서 4:4-7) ⁴ 주 안에서 항상 기뻐하라 내가 다시 말하노니 기뻐하라 ⁵ 너희 관용을 모든 사람에게 알게 하라 주께서 가까우시니라 ⁶ 아무 것도 염려하지 말고 다만 모든 일에 기도와 간구로, 너희 구할 것을 감사함으로 하나님께 아뢰라 ⁷ 그리하면 모든 지각에 뛰어난 하나님의 평강이 그리스도 예수 안에서 너희 마음과 생각을 지키시리라.

1 바울은 세 가지 권면을 하고 있습니다. 그 권면은 무엇인가요?

> **2** 바울은 주님이 가까우시니 모든 사람이 관용을 알게 하라고 합니다. 빌립보 교회가 관용을 서로 서로에게 베풀어야 할 이유는 무엇일까요?

> **3** 염려를 극복하는 방법은 무엇일까요? 빌립보 교회는 '손 할례당'이라 불리는 유대인들 때문에 어려움에 처했습니다. 오랜 역사를 가진 당시의 유대인들은 소수의 이방인 그리스도인들에 비해 위압적인 세력이었습니다. 빌립보 교회가 이들의 위협 앞에서도 기뻐할 수 있는 길은 무엇일까요?

교회를 사랑한다는 것은 참 아름다운 일입니다. 진정으로 교회를 사랑하는 사람은 하나님 보시기에도 아름답습니다. 사람들은 교회를 사랑한다고 하면서 자기를 사랑하고, 자기의 신앙 방식을 고수하고, 자기의 삶의 방법을 포기하려 하지 않습니다. 그러나 진정으로 교회를 사랑하는 사람은 모든 것이 협력하여 선을 이룬다는 하나님의 말씀을 진심으로 믿고 따르는 사람입니다. 그리하여 자기의 주장과 생각 또는 삶의 방식을 기쁨으로 포기할 줄 압니다. 참으로 교회를 사랑하는 사람은 이런 기쁨을 유지할 줄 압니다. 그런데 빌립보 교회에는 이런 기쁨이 없었습니다.

바울이 쓴 서신 중에 빌립보서만큼 개인적으로 기쁨을 강조하는 서신도 없습니다. 사도행전 16장에 나오는 빌립보 교회의 개척 과정과 바울과 실라가 겪은 고난 과정에서 하나님이 베푸신 기적을 보면 알 수 있습니다. 이후에도 개인적인 교제가 가장 많았던 교회이기에 바울의 마음에 꼭 새겨진 교회였을 것입니다. 첫 사랑의 교회입니다.

빌립보 교회는 다양한 계층으로 인해 처음부터 갈등과 분열의 소지가 있었습니다. 초기 구성원을 살펴보면 이해가 됩니다. 자유인이며 경제적 능력도 있고 교양 있는 유부녀 루디아와 오랜 세월 귀신에게 사로잡혀 종노릇하며 점을 쳤던 천한 여인, 이 둘은 서로 신분도 다르고 출신 배경도 다릅니다. 그뿐 아니라 간수와 죄수 출신까지 있어서 갈등의 소지가 있었을 것입니다. 자신을 늘 감시하고 폭압을 행사했던 간수를 보면서 그의 변화를 체험하면서도 의심의 눈초리를 멈추지 못하는 죄수들, 반대로 죄인이었던 죄수들을 보면서도 동일한 의심을 하던 간수 입장을 생각해보면 빌립보 교회는 힘들었을 것입니다. 그래서 실라와 디모데가 남아 양육하고 돌봤습니다. 그 때까지만 해도 교회는 연합하여 진리에 견고하게 서서 어떤 유대인들의 간섭에도 굴복하지 않았을 것입니다. 그러나 그들이 떠난 후 교회는 서로 다투게 되었고 외압을 두려워하게 되었습니다.

바울은 '항상 기뻐하라, 너희 모든 관용을 모든 사람에게 알게 하라, 그리고 염려하지 말고 감사 기도를 하라'고 권면합니다. 주 안에서 항상 기뻐할 수 있는 이유는 무엇입니까? 주님의 은혜로 구원을 받았기 때문입니다. 또 주님이 성령의 능력으로 우리를 인도하시고 보호해주시기 때문입니다. 바울 스스로 모범을 보입니다. 감옥에 갇혀 있지만 애정 어린 마음으로 빌립보 교회 소식을 듣고 이 편지를 쓰고 있습니다. 이미 빌립보 감옥에서 체험한 사실입니다. 그렇기에 지난 날을 기억시키면서 기뻐하라고 권면하고 있습니다.

주님이 재림하시면 성도들은 선악 간에 모든 행위에 대해 심판 받기 때문에 모든 사람에게 관용을 베풀라고 말씀합니다. 관용이란 박해를 받아도 온유하고, 자신에게 손해를 끼친 사람을 용서하며, 감정을 절제하는 것을 뜻하는 단어입니다. 지도자들이 연합할 수 있는 유일한 방법은 겸손한 마음으로 서로 관용을 베푸는 것입니다. 교회는 성도들이 서로 인내하며 겸손과 온유함으로 서로 세워줄 때 안정되고 성장합니다. 바울은 그래서 관용을 권면합니다.

 마지막으로 바울은 염려할 수 밖에 없는 상황에서 하나님께 기도하라고 권면합니다. 염려는 기도의 방해꾼입니다. 염려와 불안이 생기면 안정을 취하지 못하고 주님 앞에 나가기 어렵습니다. 염려 자체가 하나님의 보호와 인도에 대한 불신이며 기쁨의 최고의 적입니다. 그러므로 성도는 주 안에서 걱정과 초조와 불안을 버릴 줄 알아야 합니다. 그 대신 기도와 간구로 하나님 앞에 나아가야 합니다. 성도가 어떤 필요와 위험을 느끼고 해결 방법을 찾을 때 세상적으로는 염려로 나타나지만 주님 안에서는 기도와 간구로 나타나기 때문입니다.

 이때 감사함은 기도의 필수조건입니다. 모든 상황을 알고 관리하시는 분이 하나님이심을 믿기에 감사하게 됩니다. 또한 기도 응답의 확신과 하나님의 뜻을 따르는 순종이 감사함으로 나타나기 때문입니다. 감사 기도는 하나님의 평강을 선물로 받게 합니다. 이것은 세상 평화와 확연히 구별됩니다. 세상 평화는 일시적이고 표면적이지만, 하나님의 평강은 영원하며 본질적이며 완전하기 때문입니다. 하나님의 평강은 그리스도 예수 안에서 염려로 두려워하고 불안해하는 우리 마음과 생각을 지켜줍니다. '지킨다'라는 단어는 '호위한다'는 의미의 군대 용어이며 로마 군대의 수비대가 보초를 서는 광경을 묘사한 것입니다. 하나님의 평강은 믿는 자의 마음을 지키는 파수꾼처럼 모든 근심과 두려움에서 성도들을 지키고 보호합니다.

3. 모든 사람을 위하여 간구와 기도와 도고와 감사를 하라

에베소 교회를 담임하는 디모데에게 첫 번째로 교훈하는 내용이 아래 본문입니다. 사도 바울은 성령 안에서 무시로 기도하며 염려하지 말고 감사로 기도하기를 권면했습니다. 오늘 본문에서는 나라와 인종, 신분에 상관없이 모든 사람을 위해 간구하라고 권면합니다. 특별히 권세 잡은 자들을 위해 기도하라고 말합니다. 그러나 고통과 시련의 시기를 살아가는 성도들에게는 독재와 압제를 일삼는 로마황제와 같은 군주, 권력자를 위해 기도하기 쉽지 않습니다. 그럼에도 하나님은 그들은 위해 기도하라고 명령하십니다. 악행하는 그들도 구원받기 원하십니다.

(디모데전서 2:1-7) ¹ 그러므로 내가 첫째로 권하노니 모든 사람을 위하여 간구와 기도와 도고와 감사를 하되 ² 임금들과 높은 지위에 있는 모든 사람을 위하여 하라 이는 우리가 모든 경건과 단정함으로 고요하고 평안한 생활을 하려 함이라 ³ 이것이 우리 구주 하나님 앞에 선하고 받으실 만한 것이니 ⁴ 하나님은 모든 사람이 구원을 받으며 진리를 아는 데에 이르기를 원하시느니라 ⁵ 하나님은 한 분이시요 또 하나님과 사람 사이에 중보자도 한 분이시니 곧 사람이신 그리스도 예수라 ⁶ 그가 모든 사람을 위하여 자기를 대속물로 주셨으니 기약이 이르러 주신 증거니라 ⁷ 이를 위하여 내가 전파하는 자와 사도로 세움을 입은 것은 참말이요 거짓말이 아니니 믿음과 진리 안에서 내가 이방인의 스승이 되었노라.

1 바울이 디모데에게 첫 번째로 권면하는 내용은 무엇인가요? 왜 그렇게 기도해야 할까요? 오늘날의 우리가 처한 상황과 비교하여 적용해 보세요.

2 왜 우리는 이런 기도를 드릴까요? 성경은 하나님의 뜻이 무엇이라고 가르치나요? 이런 주님의 마음을 여러분들은 기도와 삶으로 표현하고 계신가요?

3 복음은 우리로 하여금 하나님의 사랑을 깨닫고 타인을 위해 중보기도하게 만듭니다. 본문에서 말하는 복음은 무엇인가요? 복음은 복음을 전하는 자를 필요로 합니다. 여러분은 복음의 일군으로 자원하시나요?

바울은 '첫째로 권하노니'(딤전 2:1)라고 말합니다. 이것은 교회에서 가장 중요한 일이 기도라는 것을 의미합니다. 모든 성도는 교회에서뿐 아니라 일상에서도 모든 일을 시작하고 마칠 때 기도하는 것이 마땅합니다. 이어 바울은 기도 대상을 '모든 사람'으로 삼아야 한다고 말합니다. 교인만이 아닌 세상의 불특정 모든 사람을 위해 마음을 들여 기도해야 한다고 말합니다.

로마제국은 각자의 신을 섬기는 것을 허용했습니다. 그러나 황제도 동시에 섬겨야 했습니다. 유대인들은 다른 모든 신을 배제하고 하나님

한분만을 섬겼기 때문에 로마제국은 그들에게 황제에게 기도와 제물을 드리지는 않더라도 황제의 건강을 위해 기도하고 희생 제물을 드리도록 요구했습니다. 이렇게 하는 것이 유대인들이 로마에 충성심을 보이는 방법이었습니다. 그러나 기독교는 황제 숭배를 거부했기에 엄청난 핍박과 환난을 당했습니다. 초대 교회 성도들은 생명의 위협과 생계의 곤란을 당했으며 급기야는 순교까지 했습니다. 이런 배경 아래서 사도 바울은 제국의 안녕과 교회의 평안을 위해 모든 사람을 위해 기도하라고 권면합니다. 특히 임금들과 높은 지위에 있는 모든 사람을 위해 기도하라고 명령합니다. 예배 때 이런 중보기도를 하라고 말한 것은 에베소 교회 성도들이 로마 정부의 박해의 위협으로부터 많은 두려움을 가지고 있음을 암시합니다. 성도들이 합심하는 중보기도는 하나님 앞에서 두려운 마음을 이겨내고 고난을 이겨낼 수 있는 믿음을 갖기에 충분합니다.

바울은 우리가 모두 경건과 단정함으로 고요하고 평안한 생활을 할 수 있도록 위정자들을 놓고 기도해야 한다고 가르칩니다. 성도는 자신에게 불리하게 하는 세상 사람들을 위해서도 기도해야 합니다. 우리가 내적인 두려움이나 외적 고통이 없이 참된 평화와 안녕이 지속되는 생활을 영위하기 위해서입니다. 기도할 때 경건함과 단정함을 유지할 수 있고, 그리스도인다운 삶을 살 수 있습니다. 이런 신앙생활을 위해 그리스도인은 통치자들을 위해 하나님께 중보 기도를 해야 합니다. 이는 단지 위정자들과 국가 지도자들에게 밀착되어서 자신들의 이권을 얻기 위한 것이 아니라 질서와 안녕의 축복이 모든 사람들에게 미치게 하기 위함입니다.

하나님은 한 사람도 예외 없이 모든 사람이 다 구원을 받고 진리에 이르기를 원하십니다. 그것이 하나님의 사랑입니다. 그러나 죄인들은 예수님을 믿지 않고 구원을 거부합니다. 여기서 우리는 하나님의 마음을 읽게 됩니다. 하나님은 우리를 핍박하고, 우리에게 고통을 주는 사람마

저도 구원받기를 원하십니다. 주님은 원수까지도 사랑하라고 하셨습니다. 우리가 모든 사람을 위하여 기도하는 것은 궁극적으로 하나님과 우리를 위함입니다. 우리가 신앙생활하기에 평안하고 즐거운 시절이 도래하도록 하나님께 청원하기 위함이요, 결국은 사도 바울처럼 주님의 마음을 따라 영혼을 구원하기 위함입니다.

그러므로 우리는 모든 사람의 구원을 위해 기도를 드림과 동시에 우리가 복음의 사명자라는 사실도 잊어서는 안됩니다. 바울은 이런 맥락에서 내가 전파하는 자와 사도로 세움을 입은 것이 참 말이라고 말합니다. 믿음과 진리 안에서 이방인의 스승이 되었다고 간증합니다. 우리가 잊지 말아야 할 성도로서의 정체성입니다. 지금 여러분에게 고통과 아픔을 주는 권세자들을 위해 기도하고 있습니까? 내가 복음 전파자라는 의식 속에 하루 하루 살아가고 있습니까?

묵상과 질문

1. 성도들의 권리요 의무는 기도하는 것입니다. 바울은 무시로 성령 안에서 기도하라고 했습니다. 어떻게 항상 깨어 기도할 수 있을까요? 다른 일상생활은 하지 말고 오직 기도만 하라는 말씀일까요? 어떻게 하면 무시로 성령 안에서 기도할 수 있을까요? 각자 나누어 보세요.

2. 다양한 구성원들이 모이면 성도 간 교통을 이루기가 쉽지 않습니다. 혹시 그리스도 안에서 지체됨을 인정하지 못하고 서로의 차이만을 주장함으로 성도의 교통을 이루지 못한 부분은 없는지 살펴보고, 구체적으로 성도의 교통이 잘 이루어지지 못하는 근본 원인이 무엇인지 나누어 보세요.

3. 바울의 권면 중에 제일 지키기 힘든 것은 모든 사람을 위하여 기도하는 것입니다. 지위를 잃고 재산도 빼앗기며 심지어 목숨의 위협까지 당한 상황에서 그들을 위해 기도한다는 것은 자존심이 허락하지 않을 수 있습니다. 그럼에도 불구하고 우리가 기도해야 하는 이유는 무엇일까요?

ARMC Bible College 성경대학시리즈(ABC 성경대학시리즈)

성경이 말하게 하라!

오픈도어선교회와 협력 사역하는 아시아선교연구소(Asia Mission Research Center)에서 성경대학시리즈 교재를 개발하였습니다.

- 셀프 스터디에서부터 국내 목회 현장, 해외 선교 현장까지
- 초보적인 신앙에 머무르는 성도를 영적 리더로 길러내고자 하지만 훈련과 자료 부족으로 어려움을 겪는 선교현장
- 각종 이단과 불건전한 신학의 홍수 속에서 성경으로 균형잡힌 건강한 성도들을 세워가기를 원하는 목회현장
- 성경을 깊이 있게 공부하고 싶지만, 어디서부터 시작해야 할지 고민스러운 평신도를 위해

••• ABC 성경대학시리즈 의 특징 •••

성도들이 복음의 기초에서 한 단계 더 나아가 성경을 깊이 있게 접하고 영적 리더로 도약하도록 돕기 위해 만들어졌습니다.

교사가 앞에서 직접 가르쳐주는 형식으로 구성되어 혼자서도 공부할 수 있고, 개인과 소그룹에서 활용할 수 있는 질문과 묵상 내용을 담고 있습니다.

성경 자료가 부족한 선교지를 위해 성경 본문과 참고 자료들을 한데 모아서 정리하여, 한 권의 책만으로도 깊이 있는 성경 공부가 가능합니다.

ABC 성경대학시리즈는 복음주의 교회 성도들이 성경을 깊이 이해하고 하나님이 자신에게 맡겨주신 사명을 온전히 감당하도록 도와줄 것입니다.